NÓS: O ATLÂNTICO EM SOLITÁRIO

TAMARA KLINK

NÓS

O ATLÂNTICO
EM SOLITÁRIO

Copyright © 2023 by Tamara Klink

Grafia atualizada segundo o Acordo Ortográfico da Língua Portuguesa de 1990, que entrou em vigor no Brasil em 2009.

Capa e projeto gráfico
Elisa von Randow

Ilustrações de capa e miolo
Tamara Klink

Fotos de miolo
Acervo da autora

Mapas
Alessandro Meiguins e Giovana Castro/ Shake Conteúdo Visual

Preparação
Júlia Ribeiro

Revisão
Marina Nogueira
Bonie Santos

Dados Internacionais de Catalogação na Publicação (CIP)
(Câmara Brasileira do Livro, SP, Brasil)

Klink, Tamara
    Nós : O Atlântico em solitário / Tamara Klink. —
1ª ed. — São Paulo : Companhia das Letras, 2023.

    ISBN 978-65-5921-516-4

    1. Relatos de viagens I. Título.

23-151533   CDD-910.4

Índice para catálogo sistemático:
1. Relatos de viagens 910.4

Eliane de Freitas Leite - Bibliotecária - CRB 8/8415

8ª reimpressão

Todos os direitos desta edição reservados à
EDITORA SCHWARCZ S.A.
Rua Bandeira Paulista, 702, cj. 32
04532-002 — São Paulo — SP
Telefone: (11) 3707-3500
www.companhiadasletras.com.br
www.blogdacompanhia.com.br
facebook.com/companhiadasletras
instagram.com/companhiadasletras
twitter.com/cialetras

Para minha mãe.
No fundo, você já sabia que
isso ia acontecer.

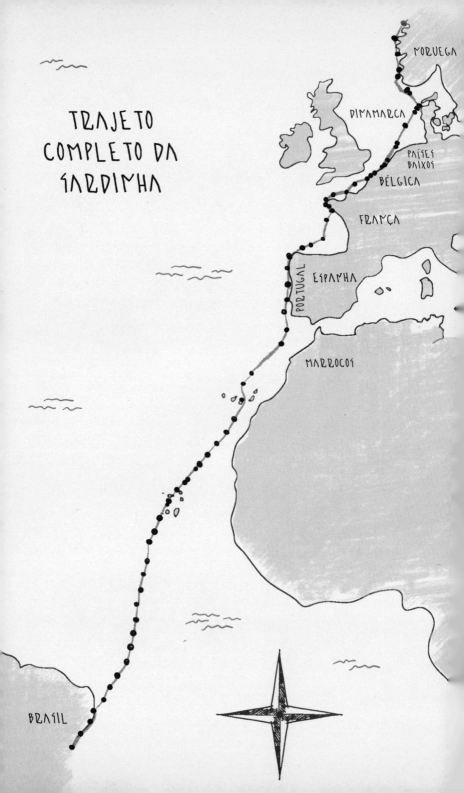

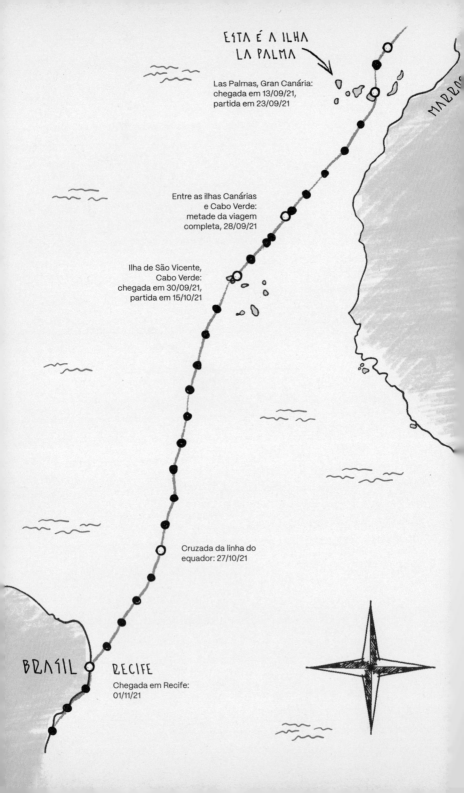

DESISTIR

SEMPRE SERÁ MAIS FÁCIL desistir antes da partida. A tentação será por vezes incontrolável. As razões para ficar se multiplicarão. Haverá sempre apoiadores do abandono nas horas mais áridas.

Daremos à desistência outro nome:
engano,
mudança,
impossibilidade,
amadurecimento,
sensatez.

Daremos à desistência outro dono:
data,
distância,
orçamento,
meteorologia,
imprevisto,
discórdia,
traição.

Antes de partir, podemos achar que a desistência é uma opção segura. Que os meses seguintes serão como os que passaram. Que a vida seguirá como até então seguiu.

Mas desistir é renunciar à chance de partir. À chance de descobrir que a vida pode ser muito diferente do que ela parece ser. Que nosso peito pode aguentar mais trancos, que nossas mãos podem ser mais precisas, que nossa garganta pode projetar mais vozes, que nossos olhos podem ver mais cores do que pensávamos ser possível.

O medo dá as caras e eu repito a mim mesma: se soubesse o tamanho dos desafios que encontraria na viagem, nunca teria partido. E nunca teria descoberto que, de algum jeito, eu poderia vencê-los.

Há uma luz solitária no horizonte escuro. É o primeiro sinal de outra vida humana em dezessete dias. Mesmo que eu não atravesse as últimas milhas dessa noite, mesmo que algo me impeça de cumprir as últimas partes do meu projeto, não poderei desver o que já vi. Essa luz é o Brasil.

FRANÇA

20.02.21, SÁBADO, SÃO PAULO

PARA RESUMIR: MESES ATRÁS, cruzei o mar do Norte. Da Noruega à França, pedras, pesqueiros, cargueiros no caminho. Vinte e três anos nas costas. Pela primeira vez, sozinha. Admito que parti sem saber se conseguiria concluir a viagem. Com mais dificuldades do que previ, com mais prazeres do que pensei, cheguei ao fim.

Voltar para a faculdade não foi a mais simples das missões. O reservatório de motivação se esvaziava, sem reposição. Passamos pela nova onda da pandemia, lembra? Mais uma vez, fronteiras foram erguidas entre países, entre cidades, entre pessoas. Só saímos de casa com o rosto coberto e papéis assinados em mãos. Formulários precisam ser preenchidos para andar na rua, para ir ao mercado, para voltar do médico. Os números de óbitos no jornal dizem que a vida é sorte. As pessoas se fecham em casa como num bunker. Encontros são proibidos. Eu vejo minha faculdade da janela, mas não posso entrar. Encontro o professor uma vez por mês. Ele diz não entender o que eu falo. Diz que meu francês não é francês. Diz que meu projeto não rende um projeto. Diz que não há nada a dizer. "Vá chorar no corredor e me chame em quinze minutos."

Faz pouco tempo que me senti capaz de ir longe, que vi que podia fazer coisas incríveis. Passei por ondas, conheci vento forte, consertei máquinas com as próprias mãos. Agora, me sinto inútil, com sono atrasado e as costas curvas, devastada diante de uma tela de computador.

Estou certa de que uma travessia pode também criar um trauma. Descobrir nosso lado selvagem pode nos mudar para sempre.

Nas entrevistas, me perguntam se não tenho medo do perigo. Respondo que prefiro os perigos visíveis aos invisíveis, e que o mar não mente o risco. Mas você sabe que esse é o tipo de resposta pronta que a gente cria para satisfazer perguntas prontas de entrevistadores que querem ouvir o que querem dizer, e não o que eu digo.

Eu tenho medo o tempo todo. Tenho medo nas noites encobertas e estreladas, nos dias de chuva e de céu azul. Tenho medo sozinha ou acompanhada. Aqui ou longe da terra. Ele me faz companhia, me acorda antes de o despertador tocar, me leva a conferir os parafusos e me mantém atenta mesmo quando não há sinal de perigo. Se eu cheguei inteira, não foi por ter coragem, mas por nunca ter deixado de ter medo.

Acho que nem é possível sentir a coragem. Ela está na esteira do barco, está no caminho que a gente já fez. Ela é o reconhecimento que o presente dá pro passado. Coragem foi seguir em frente, mesmo quando a razão trazia novos motivos para desistir.

Voltar à terra me faz sentir que as pessoas ouvem sem escutar. Olham sem enxergar. E me sinto perpetuamente atrasada para o amanhã, até deixar a terra e ganhar milhas num lugar onde as leis não chegam, onde a velocidade depende dos movimentos das massas de ar no céu, onde as soluções simples falham menos e toleram mais.

Meus amigos dizem que não vou mais querer voltar para a terra firme, para um endereço certo, para relações fixas, mas eles não entendem: todo barco precisa de um porto. De onde partir, para onde voltar. Um barco, por mais longe que vá, precisa parar. Precisa trocar peças, abastecer reservatórios e descansar. Precisa, sobretudo, de tempo em terra para desejar o mar outra vez e encontrar novos motivos para atravessá-lo.

Nem lembro quando comecei a querer navegar. Quando tinha uns sete anos. Ou talvez menos. Mas tenho certeza de que foi culpa dos meus pais, que faziam minhas irmãs e eu dormirmos e acordarmos entre baleias de pelúcia e cobertores de cavalos-marinhos.

As noites passadas entre histórias de navegação do meu pai compensavam a ausência dele em nossos aniversários. E nos faziam acreditar que o mundo era muito maior e mais próximo de casa do que parecia ser.

Quando nós três alcançamos a idade para entrar na escola de vela de barcos pequenos, minha mãe passou a nos levar até a Represa de Guarapiranga, nos fins de semana, para aprendermos a velejar nas caixinhas flutuantes chamadas de Optimist. "Vocês precisam ter autonomia para ir aonde quiserem sozinhas", ela dizia antes de nos largar no hangar cheio de crianças mais velhas, mais fortes e mais espertas, que pegavam os barcos novos e brilhantes e nos deixavam com os mais antigos e cheios de teias de aranha que sobravam no galpão.

Isso não tinha muita importância. Na água, eu aprendia a avançar usando a força invisível do vento, descobria que o caminho mais rápido nem sempre era o mais curto e que podíamos dobrar nossa velocidade sem esforço com gestos sutis.

Aos poucos, começamos a participar das primeiras competições. Eu tinha a impressão de que o pódio já tinha lugar marcado. Os primeiros colocados eram sempre os mesmos. Com o passar do tempo, passei também a ter um lugar marcado no ranking dos torneios: o último.

Eu capotava o barco, atrasava a largada, dava a volta na boia pelo lado errado, ia embora e esquecia de passar pela linha de chegada. Os pais das outras crianças diziam: "As filhas do navegador famoso estão aqui", e apontavam para nós, e eu morria de vergonha, tentando completar a corrida enquanto os outros me esperavam de banho tomado para receber seus prêmios.

Algum tempo depois, eu entenderia que quem chega por último tem uma vantagem que mais ninguém tem: a maior margem possível de progressão.

Eu ainda era pequena quando paramos de ir à represa e nunca mais velejei sozinha — até comprar meu próprio barco aos 23 anos, a 17 mil quilômetros de casa. Foi com a ajuda de um amigo que fiz na semana anterior pela internet, o Henrique. Planejamos juntos a minha primeira viagem em solitário: da Noruega à França, cruzando o mar do Norte.

Eu já tinha a intenção de fazer uma viagem sozinha. Esbocei um projeto, liguei para o meu pai e ouvi: "Não vou te dar conselho, não vou te dar objetos. Você não vai ter um centavo meu. Eu levei trinta anos pra ter um barco pronto pra viajar. Conquiste seus meios, faça seu barco, complete a viagem e só me ligue quando tiver chegado".

Ele me deu a liberdade de fazer meu caminho sem dar satisfação, sem dar notícia. Nem a ele nem a mais ninguém. Protegi meu sonho do medo dos outros porque eu já tinha medo demais, o bastante para desistir. Mantive segredo até ter suficiente confiança para ouvir da minha mãe: "Você não sabe velejar", e ser capaz de responder: "Não sei, mas preciso começar de algum lugar". Minha mãe sabia que era uma viagem longa. Eu sabia que precisava me dar os meios de aprender a navegar distâncias cada vez maiores, sonhar grande, começar como fosse possível.

Henrique acreditou em mim mais do que eu mesma. Foi meu fornecedor de previsões meteorológicas, de instruções técnicas e de um fluxo inesgotável de motivação. Nas alucinações auditivas causadas pela falta de sono, eu frequentemente tinha a impressão de tê-lo à bordo. Nos momentos sóbrios de dificuldade ou celebração, também.

A navegação pela Noruega, pela Dinamarca e pela Holanda teve mais imprevistos do que eu havia estimado. Errei mais do que pensava que erraria e consertei mais avarias do que acreditava ser capaz. Desviei de pedras e navios, peguei ventos e ondas assustadores, dividi meu sono em pedacinhos de cinco ou dez minutos, tive um monte de problemas. Aprendi. Escrevi um livro no caminho, o *Mil milhas*. Cheguei à França segura de que o barco, a Sardinha, poderia ir mais longe. E certa de que meu próximo destino seria a casa da minha língua e do meu sotaque, o Brasil.

Assim começaria um novo projeto. Um novo roteiro. Uma nova preparação para uma viagem que exigiria mais do barco e mais de mim, e toda aquela história sobre a qual escrevi nos cadernos antes deste.

15.03.21, SEGUNDA, NANTES

PARA EQUIPAR O BARCO, eu preciso de recursos que não tenho. Meus diários antes de você já estão cheios de descrições de buscas infrutíferas por patrocínio e de reuniões promissoras que terminavam com aquela pergunta que me deixava muda: "Como ficará a imagem da nossa marca se essa menina morrer no mar?".

Eu não estava pronta para responder.

Voltaria às mesmas salas com corredores estreitos e longas mesas de vidro com muitas cadeiras. Seria encurralada por perguntas inesperadas, reencontraria a tensão dos silêncios, a aflição do agora ou nunca, a solidão de deixar a sala, descer pelo elevador, entregar o crachá, subir na moto e tricotar um caminho incerto entre os carros indiferentes, tentando adivinhar se seria aquele o primeiro dos *sims* ou mais um dos incontáveis *nãos* à minha espera.

Dessa vez, pelo menos, dois anos depois da primeira reunião e da primeira viagem concluída, eu puxaria a cadeira sabendo que tinha mais do que promessas, desenhos e vontades para sustentar meu plano. Eu tinha mil milhas de fotos, cartas, exemplos, cicatrizes e motivos.

A reunião foi marcada com meses de antecedência. Preparei as fotos, organizei os argumentos, ensaiei a apresentação com meus amigos muitas, muitas vezes.

Saio de casa preparada para um não, mas com todos os meios para receber um sim. Tensa, sentada num sofazinho duro e abraçada ao meu caderno, espero a chegada de uma das pessoas mais solicitadas do país.

Recebo o sinal para entrar na sala. Abro o computador em meio à cordilheira de livros enviados de presente ao escritório todos os dias. As perguntas são diretas. Meu roteiro foi inútil. O telefone toca sem parar: problemas a resolver, convites de candidatura à presidência. Eu não disse o suficiente. Não consegui explicar a viagem. Com certeza fui confusa. Imprecisa. Meu projeto tem um ponto fraco imutável, incontestável, incontornável.

"É um barco pequeno, né, Tamara?"

"É um barco antigo, né, Tamara?"

"É uma viagem longa, não?"

Senti que não seria desta vez. E, logo antes de se levantar, Luiza concluiu:

"Você mostra que dá pra fazer muito com pouco. E que as mulheres podem. Espero que a gente apoie seu projeto."

→ Seg., 14 de jun. de 2021

Oi, Henrique!
Preciso de ajuda pra tomar uma decisão!

Oi
Não ouvi tocar
Tava no silencioso
Na torcida por uma noite calma!

Aqui eu tô bem colada
0,4 nós
Se pelo menos eu não tivesse perdido
o hélice do motor seria mais prático HAHAHA

HAHAHA
Vai assim

Vc sabe que horas inverte a corrente
no Raz de Sein?

Tem muita pedra aí
Vai bem longe, hein?
Vc não tem margem pra desviar
Não pega o caminho mais curto
1 da manhã inverte
Quando passar a curvinha melhora

Que o céu te ouça
Aqui tá tenso

Treina paciência e meditação
Só não bate nas pedras
2 da manhã é o pior vento
Pior = mais fraco

Entendido :/

Vou dormir
Se cuida aí

Tô tão devagar que tô derivando pra trás!
Sendo que o barco tá com o nariz no sentido certo.
E a flechinha do GPS dizendo que estamos
em marcha a ré, indo direto pra parede.
Admito que dá um certo desespero essa situação
de ser carregada pras pedras e não poder fazer nada

→ Ter., 15 de jun. de 2021

Enfim a tal curvinha!!

4 nós
Agora vai!

OMGGGGG
Uma noite bem miseravelzinha KKKKK

O vento vai aumentar
Hoje de tarde vc chega

Conseguimos!!!!!!!!

→ Qua., 16 de jun. de 2021

Deixei o barco em Lorient
Agora vou focar em terminar a faculdade mesmo, até o dia 29
Depois eu vejo tudo o que tem que fazer pro barco.

30.06.21, QUARTA, LORIENT

SINTO QUE ENCONTRAREI o fim de um ciclo na próxima curva. E ele não se parece com o que previ. Achei que terminaria a faculdade aos prantos. Achei que me despediria de cada colega, de cada lugar, de cada objeto. Mas ontem deixei meu apartamento como se não nos conhecêssemos, abracei meus amigos como se fôssemos nos rever no dia seguinte, me desfiz dos meus objetos como se jamais tivessem sido meus. Não senti nada.

Fui correr atrás de uma lista de missões. Item por item, desafiei o tempo, o medo, a pele das mãos que riscam este caderno. Elas estão tão cansadas que preciso escrever e reescrever as mesmas palavras conforme a caneta escorrega e as letras se tornam ilegíveis. Está tarde. Te abrir, diário, foi quase um sacrifício. Preciso roubar as horas de sono para poder te escrever. Não sobraram muitas.

O Henrique me pergunta: "Como vai o coração? Ansiosa? Animada? Apreensiva?".

Eu nem consigo pensar nisso.

Em todos os minutos, em todos os lugares, minha cabeça está imersa em sistemas a construir, em horários de abertura e fechamento de fornecedores, na data em que os profissionais entram de férias, em nomes de materiais que prestam e que não prestam, como roscas, dentes, polias, cabos, fios e fusíveis. Bombas, colas, pastas, silicones. Óleo da catraca e do motor. Adesivos, tintas, fitas, endereços. Avisar ao banco que não moro mais em casa. Pedir ao médico para não mandar nada pelo correio. Hoje não dou conta de pensar na curva que se mostra à frente. Três anos mudaram minha definição do que é normal, impossível, absurdo, distante, do que é força e fraqueza. O próximo ciclo pede preparo. E todas as outras curvas foram um ensaio para esta.

De tarde, Thomas me chamou para sair de barco. Eu disse que estava na seção de molhos do supermercado com as mãos cheias de legumes. Ele respondeu: "Vou te buscar agora. Traz as abobrinhas". Na tarde que passei tentando ficar de pé na prancha de *wakeboard*, esqueci as angústias e agonias do estaleiro, esqueci o medo de não dar conta da viagem e de decepcionar as pessoas que confiaram em mim.

Algumas horas depois, eu descobriria que enquanto voltava para a marina debaixo da garoa, meus colegas se reuniam no auditório da faculdade para celebrar a entrega dos diplomas de arquitetura.

Agora, ouço o som da chuva escorrer pelas janelas desta casa flutuante. Com o cabelo molhado, a pele salgada e sozinha, eu não poderia escolher uma forma mais simbólica de celebrar o novo começo.

20.07.21, TERÇA, LORIENT

O GERENTE DA MARINA insiste que não tem data para pôr meu barco no seco. "Não tenho como manobrar enquanto não consertar o hélice, e não posso mudar de porto, monsieur. Se não tirar esse barco da água, vou te infernizar o verão inteiro", eu prometo com um largo sorriso. Consigo um encaixe para tirar a Sardinha da água na sexta-feira. Terei quatro dias para arrumar o propulsor, lixar o casco e fazer a pintura. Mesmo sendo um barco pequeno, é muita coisa que nunca fiz, e tudo de uma vez. Ligo para meus amigos velejadores, que me respondem que virão me ajudar com lixadeira, balança, rebarbadora, lavadora de alta pressão e os demais equipamentos necessários. Fico aliviada.

A sexta chega. Os amigos, não. Faz sol e vento bom. As pessoas com quem contei foram velejar e acho que se esqueceram do meu pedido.

Latas de tinta, rolinhos, pincéis, luvas de diferentes espessuras, óculos de proteção. Busco novos ajudantes. O Pierre M. se oferece para buscar equipamentos no trabalho e na garagem da casa dos pais. Ligo para meus amigos da faculdade e proponho um programa pouco tentador:

"Oi, Kathe, o que você acha de me ajudar a pintar o fundo do barco?".

"*¿Cuando y donde?*"

"Hoje e amanhã. Numa cidade a duas horas daí."

"Estou escrevendo para o Pierre L. Não se preocupe. Já chegamos."

"É provável que a gente se suje. Vocês têm roupas que podem manchar?"

"Vou ver. Mas podemos usar as suas, Tamarita. Tenho certeza de que não faltam roupas manchadas no seu guarda-roupa."

Eu não poderia estar mais feliz de ver a Ackbaree, a Elisa, a Kathe e os Pierres pintando a Sardinha de azul. Sem nunca terem feito isso antes, meus amigos da faculdade se provaram muito mais competentes e caprichosos do que eu poderia esperar. Às vezes, numa equipe, a vontade de fazer vale mais do que a experiência.

A amizade nasce da afinidade, mas amadurece na necessidade. Vou levar a lembrança desse dia por toda a travessia e em diante. No mar, estarei a sós, mas não sozinha.

30.07.21, SEXTA, LORIENT

A PREPARAÇÃO ME TOMA INTEIRA, e sinto dar grandes braçadas contra a corrente do tempo. Mudo muitas vezes a data da partida. Minhas mãos parecem não ser rápidas o bastante para conter o crescimento da lista de tarefas a cumprir. Descubro que cada item traz uma série de subitens secretos. Corro com toda a energia que tenho e sinto estar cada vez mais longe do fim. O cara que conheci no porto me chama para jantar e não se conforma com minhas repetidas declinações. Recuso os convites porque preciso dar cada minuto meu para o barco, e também porque nem tenho roupa arrumada o bastante para encontrá-lo. Meus sapatos carregam poeira preta, minha calça tem graxa no joelho, minhas mãos estão há dias cobertas por uma espessa tinta azul.

Apesar de recusar os encontros, acabo por aceitar a ajuda dele para refazer a vedação dos painéis de acrílico. Arrancamos o silicone antigo, lixamos as bordas da janela. É uma tarefa chata, demorada, e o resultado é quase invisível. Juntos, dividimos o trabalho por dois. Não consigo parar de pensar, surpresa, que ele está passando os dias de sol de sua preciosa semana de férias me ajudando a combater a infiltração da Sardinha. Na primeira noite de operação, durmo na poeira que sobrou. Na segunda, me hospedo na casa do meu "assistente". Aos poucos, vou cedendo a essa outra infiltração, que se alastra sobre minhas tarefas, meus costumes e meus pensamentos. Peço para usar sua máquina de lavar, esqueço uma escova de dentes na pia, e logo nenhuma vedação impediria o Guillaume Deux de me alcançar.

01.08.21, DOMINGO, LORIENT

NÃO ESTOU CONSEGUINDO TE ESCREVER. Acordo cedo e começo a trabalhar, almoço rápido e durmo exausta. Deixo o caderno embaixo do travesseiro na expectativa de escrever na manhã seguinte. Nunca acontece.

Estou sempre correndo contra o relógio, sempre correndo contra o calendário. O suporte do leme de vento atrasou, o motor teve um novo problema e o EPIRB, o dispositivo de resgate, ainda não chegou. Já limpei o fundo do barco algumas vezes, mas os atrasos dão às algas e aos crustáceos a chance de crescer de novo. Alguns trabalhos têm prazo de validade tão curto que antes de riscá-los da lista de missões já tenho que acrescentá-los outra vez.

Minha mãe pede para eu ligar mais vezes, mas as notícias se acumulam e as ligações para ela acabam cada vez mais longas. Deixo para depois. Muitas vezes perco a paciência quando ela me trata como criança, me alertando sobre perigos que já previ ou me dizendo para não fazer o que planejei. Grito e desligo o telefone. Esse meu comportamento infantil faz com que ela tenha razão.

Acho que não te escrever é uma maneira de evitar tocar nos assuntos que me incomodam. Tento fugir da frustração de não conseguir cumprir meus próprios cronogramas. Vivo cada dia de atraso como uma ameaça. O medo de não conseguir partir se torna maior do que o medo de não completar a viagem.

Será preciso aceitar que o barco nunca estará pronto. Nem eu. E que jamais terei certeza de que saberei fazer um caminho que nunca fiz. Tomo consciência de que meu projeto é protegido pela minha ingenuidade: certamente estou subestimando as dificuldades que encontrarei. Não me sinto preparada para deixar a França, mas a vontade de descobrir como é passar noites e dias entre as ilhas espalhadas na carta azul é grande o bastante para superar a apreensão.

De vez em quando ligo para o Pierre Laurent. Gêmeo, como eu, ele é meu amigo mais antigo na França. Nos conhecemos na primeira festa de boas-vindas da faculdade de arquitetura, uma espécie de churrasco de linguiças no gramado à beira do rio Loire. Vegetariana, eu aproveitava a reunião e meu francês precário e abria mão da dignidade para tentar me enturmar com os grupos fechados de estudantes. Ouvi um sotaque espanhol e arrisquei uma conversa com o estudante colombiano, Carlos, e seu tímido amigo francês. No dia seguinte, nos encontramos no supermercado, quando eu tentava, de forma discreta, levar um enorme pacote de rolos de papel higiênico para casa. Absolutamente constrangida com uma embalagem maior do que eu conseguia carregar, torcia para que ele tomasse um caminho diferente do meu. Descobrimos que éramos vizinhos.

Pierre se tornou meu parceiro das grandes aventuras da faculdade. Se eu consegui concluir o curso de arquitetura, sem dúvida alguma foi graças a ele. Fomos de noite até o rio da cidade para testar maquetes de barco, fizemos incontáveis ligações de muitas horas por videochamada enquanto ele me ajudava a terminar meu TCC, mesmo de madrugada, com cinco horas a mais de fuso horário. Ele corrigiu todos os acentos, artigos, erros de ortografia e de concordância dos meus textos em francês e digitalizou minha caligrafia. Me apresentou aos seus amigos, que passaram a ser meus também, e me fez retomar a autoconfiança e o gosto pela arquitetura quando os perdi.

Faltando menos de um mês para a partida, quando os contratos de patrocínio enfim foram assinados, ligo para Pierre sabendo que ele seria a pessoa perfeita para fazer a identidade visual da Sardinha. Desenhamos peixinhos com o nome de cada uma das pessoas que fizeram parte do projeto, incluindo os vizinhos, pescadores, mecânicos, turistas, psicólogos, caixas de mercado que me ajudaram nos portos, os amigos que me acompanharam à distância e as pessoas que participaram da análise de patrocínio do projeto no Magalu, na Localiza e na NewOn. Eles agora pertenciam ao cardume.

Um ano atrás, eu havia desistido de buscar patrocínio. Meu projeto inicial era construir um barco para a travessia. Um veleiro leve e rápido, desenhado com amigos da faculdade. Alguns colegas diziam que eu era arrogante por me achar à altura do meu projeto. "Faça algo menor. Você não tem a competência necessária. Esse projeto não combina com uma iniciante."

Eu me lembro de uma frase que meu pai disse num café da manhã, quando perguntamos por que ele tinha construído um barco tão grande para ir para a Antártica: "Dá o mesmo trabalho sonhar grande e sonhar pequeno. Quando o projeto é grande demais, você sempre pode enxugar. Quando é pequeno demais, é ainda mais difícil encontrar ajuda".

Publiquei artigos, gravei vídeos, o Pierre fez imagens incríveis para a apresentação, Madeg e Morgane construíram maquetes, participamos de exposições, peguei carona na estrada para visitar estaleiros, negociei descontos, sobrevivi a um acidente de carro a caminho de uma reunião, entrei escondida pela porta dos fundos em diversas convenções, fui a um evento náutico em outro país e, sem conseguir hospedagem, dormi no chão de um banheiro público. Expliquei o projeto em três línguas, tanto em salas de reunião com mesa de mármore como sentada na calçada debaixo de chuva. Ensaiei para falar com detalhes, para passar segurança, para ser o mais breve possível, para não cansar. Muitos "nãos" chegaram logo, outros vieram após meses de conversa, quando o "sim" parecia certo. Dois anos, dezenas de planos e zero centavos depois, decidi não contar mais com patrocínio. Eu começaria com o mínimo. E iria o mais longe possível.

Depois da viagem no mar do Norte, tive a oportunidade de dar uma entrevista para a jornalista esportiva Mariana Becker, e foi a primeira vez que falei sobre o "fracasso" da busca por patrocínio. Depois da entrevista, recebi uma mensagem de uma moça que oferecia ajuda sem pedir nada em troca. A mensagem, de apenas uma linha, seria o início de uma relação muito especial e valiosa para mim. Minimalista, precisa e atenta aos detalhes, a moça, Nanda, me incentivou a retomar a busca por patrocínio e se ofereceu para me acompanhar. Ela me ensinaria a ter calma nas reuniões, nas análises de proposta e nas leituras de contrato. Me incentivaria a fazer minhas próprias apresentações usando os aprendizados do curso de arquitetura, mesmo quando eu pensava que contratar uma agência especializada me daria um ar mais profissional. "Ninguém vai saber apresentar esse projeto melhor do que você, que já mostrou que consegue tirar um plano do papel e navegar mil milhas com recursos próprios e escassos, sem nenhuma marca te patrocinando." Acostumada com as equipes enormes das produções de grandes shows e eventos esportivos, ela valorizava a liberdade de trabalhar com um time pequeno e polivalente. Acrescentar pessoas ao projeto era sempre tentador, mas, enquanto eu não tivesse os recursos necessários para o barco, os custos fixos poderiam inviabilizar a travessia. Sem se deslumbrar com as propostas ambiciosas que recebíamos de agências e produtoras, ela se lembraria do essencial: eu não precisava aparecer nos jornais, nem ganhar os seguidores que eles prometiam. O sucesso do projeto seria chegar ao Brasil em segurança e registrar a experiência com capricho e cuidado para quem quisesse encontrá-la.

Os processos eram longos, e eu sabia que seria difícil conquistar a aprovação. Cada empresa tinha cultura e valores próprios, as telas das *calls* eram cheias de quadradinhos com pessoas avaliando os muitos riscos e os modestos retornos possíveis. Ensaiei respostas para perguntas difíceis e corrigi muitas vezes a mesma apresentação. Estimavam o alinhamento com a imagem da marca e com o momento da companhia. Nanda me avisou que as grandes empresas recebem centenas de projetos por dia, e muitas nem conseguem responder aos envios. Mesmo assim, ela me incentivou a escrever e-mails e mensagens no LinkedIn para possíveis apoiadores.

Sem ela, eu não conseguiria organizar reuniões, definir entregas, enviar desenhos, combinar gravações, escrever poemas, estimar orçamentos, ajustar contratos, filmar um documentário, ministrar palestras, dar entrevistas, preparar um barco e ainda por cima ser simpática, mesmo quando esgotada. Faz meses que ela é a pessoa com quem mais converso, e, mesmo a um oceano de distância, ela e seu filho, Gabriel, fazem parte do meu cotidiano. Sei que mesmo se nada der certo e o barco não partir desse maldito porto, a amizade da Nanda será um feliz legado do projeto.

Em Lorient, meus amigos e eu nos deitamos no pontão flutuante para colar os adesivos com os desenhos do Pierre. Ler todos os nomes me fez lembrar de cada uma das pessoas que me permitiu chegar até ali. Acho que nem sempre a gente se dá conta da constelação de indivíduos que formam nosso caminho. Esse gesto, este texto, são pretextos.

Me despeço antecipadamente das pessoas para me acostumar à ausência delas. Pierre, Timéri, Pierre M., Mathilde, Corentin, Aziliz, Clotilde, Camille, Matthieu. Até meus ex-namorados participaram: Thomas me entregou uma cartinha, Guillaume Un me ajudou a transportar um anexo. Não faz nem um mês que estou com o Guillaume Deux, e é dele o adeus mais difícil. Nos despedimos sem ter certeza de que nos veremos em duas semanas, em dois meses ou nunca mais. No fundo, nós também sabemos que talvez eu mude demais. A dor da última linha reta faz parte da construção de um novo caminho, e eu ainda vou descobrir aonde posso chegar.

04.08.21, QUARTA, LORIENT

DIA DA PARTIDA: não me sinto pronta. Estou esgotada. Volta e meia vou para o barco e me dou conta de que esqueci a chave. Me distraio. O barco está uma bagunça. Meus amigos devem achar que sou sempre assim, mas só estou cansada, física e mentalmente. São problemas concretos. Um por um, vamos resolvê-los. Por mais que seja duro esse maldito caminho, eu o escolhi.

Um anticiclone se instalou no golfo da Biscaia. Vento forte e ondas grandes. Gabriel, amigo do porto, me convida para sua casa — uma van estacionada na marina. Abre as cartas, mostra as previsões que estudou de noite e me convence a esperar um pouco até o mar se acalmar. Não faltarão melhorias a fazer na Sardinha para ocupar esses dias de espera.

→ Dom., 1º de ago. de 2021

Se for sair, avisa

Vou me preparar pra ajudar com o shore control center :)

Testou o leme de vento?

Arrumou o que falta?

Sexta dá pra sair tranquilo

Tem tempestade no sábado, mas no sul

→ Qua., 4 de ago. de 2021

Oi, Henrique!
Vamos falar sobre o tempo?

Sim, mais de tarde
Estou com as crianças

Olha as ondas na 6ª...

Sim, vdd, são altas, não tinha visto
Qqr coisa sai no sábado, não muda muito
Não é um vento perfeito, mas vc faz um zigue-zague aberto
Resumo do que eu falei:
Se a previsão continuar assim, parece vento bom até Funchal
De Funchal, Las Palmas
De Las Palmas, Cabo Verde
De Cabo Verde, daí vai direto

Beleza

→ Sáb., 7 de ago. de 2021

O leme funcionou bem?

Ainda não tá 100%
Mas tá melhor!

→ Seg., 9 de ago. de 2021

Bom dia
Amanhã?!?

Isso!!!!
Melhorou mtooo a previsão

→ Ter., 10 de ago. de 2021

Partimos!!!!

Bons ventos!!!!!!

10.08.21, TERÇA, LORIENT

ME LEVANTEI E VESTI a roupa de borracha. A maré estava baixa no porto, e a Sardinha tocava o fundo de lama. Entrei na água escura, vendo cascas de fruta e sacos plásticos boiando na altura dos olhos. Os vizinhos me disseram para não mergulhar ali, mas não pensei duas vezes antes de pular com a esponja e o snorkel para tirar as algas do fundo do barco. Não atrasaria a partida nem mais um minuto. Prefiro entrar na água imunda e limpar o casco do que navegar sabendo que a Sardinha vai mais devagar por estar com o fundo sujo.

Ainda gostaria de pôr as baterias em paralelo e testar o leme uma última vez, mas o vento diminuiu no golfo e não sei por quanto tempo estará favorável. Aziliz, Gabriel, Maxime e Timéri passam para me desejar boa viagem. Trouxeram sanduíches no intervalo de almoço de seus trabalhos. Eu tinha a sensação de que voltaria a vê-los nos dias seguintes. Havia meses eu falava em ir embora, mas não conseguia me imaginar longe dali, daquelas pessoas. Corro até a capitania para fechar a conta das últimas semanas. Dou um abraço em cada amigo antes de deixar o porto para trás, como já fiz em tantas ocasiões. Desta vez, eu não planejo voltar.

O píer flutuante é o último ponto que a Sardinha toca na França. Três anos e meio depois de vir morar aqui, deixo este país que tanto me ensinou a largar amarras. Me despedi de amigos, de amores, de manias. Me despedi de uma certa versão de mim. A França mexeu no meu nome (passei a ser também Tamarrá), me despiu dos meus sobrenomes, dos meus confortos, de muitas raízes, e me fez ser eu mesma e só. Ainda bem que eu tinha você. Quando ninguém entendia meu francês, quando eu voltava da aula no escuro e passava a madrugada editando vídeos sem retorno, quando me sentia errada, estranha, fraca, ruim, quando a desistência era a única saída, eu me lembrava das páginas que já tinha preenchido. Você, diário, salvou minha razão.

Vou costurando o vento para desviar da ilha de Groix. O barco está adernado. Tenho a mão na cana do leme e solto um pouco a escota quando aumenta a pressão na vela mestra. As ondas me molham e não me incomodo. Faz meses que espero por isso. Há anos desejo fazer o trajeto que agora começo a percorrer. A sensação de que jamais estarei pronta ficou em terra. Agora eu só preciso avançar, avançar, avançar por noites e dias até o próximo porto.

Nos portos, os vizinhos se surpreendiam quando descobriam que o barco tinha vindo da Noruega, e isso me fazia sentir orgulho da pessoa que fui um ano atrás, quando decidi vir com a Sardinha para cá. Deixo à mostra a bandeira vermelha com a cruz azul. Ela me lembra que viemos de mais longe, que nenhuma desculpa nos impediu de tentar, que nenhuma dificuldade nos impediu de chegar. Cruzo com outros veleiros, bem maiores que a Sardinha. Eles, que nos veem deixar a enseada cobertas pelas ondas, certamente não imaginam que iremos desse jeito até o Brasil.

Passamos a ilha. Toda a vida a bordo depende do lado da inclinação do barco. Faço pequenos descansos de quinze minutos e vou poupando energia. Durmo no leito mais alto para meu corpo ajudar a fazer contrapeso. Encaixo as pernas no fundo dos armários para não escorregar. No fogão, o molho escorre da borda inclinada da panela. Ao andar, me seguro nas paredes, os objetos caem das estantes, o casco bate contra as ondas. Ainda há veleiros ao redor, e eu divido minha atenção entre ver e escrever sobre o que vejo.

Faz tempo que esse projeto começou. As milhas percorridas são a primeira confirmação de que ele vai chegar ao fim.

11.08.21, QUARTA, GOLFO DA BISCAIA

O MAR MUDA DE TEXTURA. Macio. Áspero. Melado. Transparente. O barco está colado na superfície e quase não avança. Me arrependo de não ter seguido à risca o plano de navegação. Sardinha e eu estamos presas na calmaria. Águas-vivas ao redor. Enormes bolhas coloridas que balançam seus tentáculos como barras de vestidos. Conto os litros de água potável. Torço para ter sido conservadora. Espero que essa situação não dure para sempre.

Sopa de pesqueiros na plataforma continental. Respirações profundas vindas da água. Ondulações aleatórias: golfinhos. É noite, e o escuro é tomado pelo som dos respiros e das conversas estridentes que atravessam o casco. Esses bichos com certeza não aguentam mais me ver. Avanço a meio nó, menos de um quilômetro por hora. Preciso desviar dos barcos. Vejo luzes em todas as direções. Confundo as distâncias. Tenho a impressão de entrar numa cidade. Às vezes só reconheço os barcos quando estão bem perto. Talvez perto demais. Tenho medo de que um escape à vista.

O barco nunca esteve tão arrumado. Engano a exaustão guardando objetos que não servirão. Leio. Canto. Escrevo. Penso na despedida. Tão esticada quanto possível. Penso nas vezes em que senti que nunca conseguiria terminar de preparar a Sardinha. Volta e meia tudo parecia dar errado.

Me sinto muito só. Entediada. Inútil. Mas nem tudo é ruim. Provavelmente ninguém no mundo tem tanto tempo sobrando para olhar o céu como eu agora. O mesmo céu que Guillaume Deux vai ver quando subir a avenida de bicicleta, recortado pelas quinas das construções.

Me desacostumei ao tédio. Acho que vou sentir falta disso. De sentir tantas faltas. De sono, de chão, de comidas frescas, de pessoas que não imaginam ser tão desejadas quanto são. Henrique escreve: "Não tem muito o que fazer. Mantém o plano, aguenta aí 24 horas". E, de repente, 24 horas parecem pouco tempo.

Por meses corri atrás do calendário para aprender a navegar num mar de demandas, de pedidos, de promessas, de mais quereres que poderes. Precisei aprender, no tranco, a traçar limites: dizer não aos outros para poder dizer sim para mim. Você sabe, não é fácil impor barreiras quando a gente trabalha pelo sonho, quando a gente sente que é capaz de dar tudo, absolutamente tudo, quando outras pessoas enfim embarcam conosco e abraçam nossas múltiplas versões. Quando as demandas chegam como quedas-d'água e ameaçam nos afogar, é preciso se agarrar a um ponto fixo: um galho, uma pedra emersa, se prender ao essencial. Precisei domar a mim mesma para não cair na tentação de ser infinita e perder o simples de vista.

Estou enjoada. Tenho direito a pão sem manteiga e arroz sem tempero, e passo metade da noite com o balde entre os joelhos. Assisto à retrospectiva de todas as refeições desde a partida — espero que os golfinhos não se incomodem de cruzar com o meu jantar. Lembro que ontem cozinhei com a água dos tanques grandes. Tomara que o mal-estar não seja sinal de água contaminada.

Estou há duas horas tentando atravessar o barranco submarino e os navios. Rumo ao sul puro (180°) na tentativa de escapar de uma calmaria mais longa. A Sardinha avança a 1,5 nós. Está mais lenta do que uma pessoa andando a pé. Já é melhor que ontem, mas a Espanha parece tão longe...

Estrelas no céu. Estáticas e cadentes. Pouco vento. Me esforço para manter os olhos abertos. É uma passagem crítica. Durmo dois minutos de cada vez para distrair o sono. Dá tempo de sonhar.

Sonho que caio no mar.

Melhor esperar para dormir quando amanhecer, quando estivermos de novo sem barcos por perto. Te escrevo mais amanhã.

12.08.21, QUINTA, GOLFO DA BISCAIA

O VENTO ENTRA À TARDE, com ondas no bom sentido. Surfes a 6, 7, 8 nós. Fico horas no leme para manter o barco em segurança com muito pano. De noite, reduzo as velas e ponho o leme de vento. Golfinhos ao redor do barco. Águas-vivas na superfície. A Sardinha avançou nessa tarde mais do que no dia de ontem inteiro (o que não era muito difícil, já que estávamos quase paradas).

Enquanto não sinto sono o bastante para adormecer, fico repassando fotos antigas no celular. Escrevo longas cartas para amigos, que não posso enviar porque não cabem nos espacinhos limitados do comunicador por satélite. Estou claramente carente. Me imagino em muitos lugares diferentes deste. Sinto que já faz uma eternidade desde que vi alguém. A terra parece uma utopia.

Ainda tenho algumas frutas e legumes. Acho que nem escrevi sobre como a alimentação foi um fracasso na viagem anterior. Planejei as compras no último dia e repetia sempre os pratos mais fáceis de fazer: torradas, macarrão, arroz, molhos, legumes enlatados e mingau de aveia. Não sabia que as minhas provisões não tinham os nutrientes de que eu precisava. Levei chocolate para ter energia antes das manobras, mas não sabia que ele me atrapalharia para dormir. Terminei a viagem com tontura, cansaço e anemia.

Desta vez, pedi ajuda a uma nutricionista. A gente já sabia que, em meio a mil problemas do barco para resolver, de novo, eu deixaria os meus por último. Graças à lista da Isadora, consegui ser estratégica ao fazer as compras para três meses de viagem nos trinta minutos antes de o supermercado fechar. A Isadora antecipou muitas dificuldades que só estou descobrindo agora. Os pratos que ela criou levam em conta que não tenho geladeira, que é difícil conservar legumes frescos, que não como animais e que não tenho a menor paciência para cozinhar. Como se não bastassem as restrições — só tenho uma boca de fogão e nada me deixa mais enjoada do que ter que olhar para um ponto fixo ao lavar a louça —, ela considerou que eu faria todas as refeições em uma panela só.

Nasceram quatro cardápios, que eu poderia adaptar de acordo com as comidas ainda frescas disponíveis e com minha eventual criatividade gastronômica: "Ventania", com pratos fáceis de preparar para dias de mar agitado; "Calmaria", para dias de mais capricho na cozinha, com sementes e legumes cozidos; "Agora vai", com aveia e ameixa, por motivos autoexplicativos; e "Saudade", com arroz, feijão em lata e alguns doces a mais na sobremesa, para dias como hoje, em que preciso de um abraço e só tenho a mim mesma. Confesso que não sigo à risca as quantidades, mas fico feliz de saber que alguém pensou nos detalhes. Isa, ainda por cima, deixou recadinhos e ilustrações para me motivar.

O rádio diz que uma família de orcas está atacando veleiros aqui perto. Diz que elas destroem o leme, e os barcos ficam sem governo. Sinto um calafrio na espinha sempre que escuto o som de animais aquáticos. Corro com a lanterna, torcendo para não serem grandes, nem pretos com manchas brancas.

Daqui a pouco começo a dobrar a esquina da Espanha. Ainda não enxergo a terra, mas vejo mais barcos. E as asas dos pássaros são cada vez mais curtas.

Penso muitas vezes no Guillaume Deux. Escrevo mensagens, mas não envio. Combinamos de não nos comunicar. Espero vê-lo em Lisboa. Se não der, paciência. Afinal, meu sentimento por ele mora em mim, e nenhuma ausência vai me tirar o prazer de gostar de alguém.

Tenho dificuldade para dormir. Às vezes meus sonos são inúteis. Ou me cansam mais. Me deito e não consigo adormecer, com medo de ser acordada por uma colisão, ou de encontrar o barco cheio de água. Outras vezes, não ouço o despertador tocar porque seu som invade o sonho. Ou estou tão cansada que esqueço de acionar o alarme. Aliás, já ia esquecendo. Até amanhã.

13.08.21, SEXTA, GOLFO DA BISCAIA

HOJE ACHEI UM FURO NA VELA, bem no encontro do pano com a ponta da cruzeta. Corto fitas de reparo e subo no mastro até a altura do furo. É aflitivo estar suspensa por um cabo e ver a Sardinha do alto. Com os movimentos do barco, meu corpo é atirado entre os cabos de aço. Na descida da onda, o barco aderna.

Escrevo e vejo meus pés soltos sobre o mar. Procuro abraçar o mastro com as pernas para ficar firme. Tenho menos força do que gostaria. Colo bem as fitas e desço. Essa pequena experiência confirma que será melhor se eu puder evitar ir alto num mar mais agitado.

Quando entra mais vento, arrisco a vela balão (spi). Prendo o saco da vela no guarda-corpo. Passo a escota. Me confundo. Passo de novo. Preparo a adriça (o cabo que puxa a testa da vela para cima). Subo. Vejo que embolei e cruzei os cabos. Desço. Acho que vou desistir. Não vou, não! Subo a vela outra vez. É uma luta pôr o pau do balão. Consigo médio. Consigo quase. Foi!

Não tiro o olho dele enquanto está no alto. Vamos bem mais rápido assim. Mas a vela é tão frágil... Sinto certa aflição quando ela murcha e infla de uma vez. Parece que vai explodir.

Temos que chegar a La Coruña antes da noite de amanhã para escapar da inversão do vento. Vai ser corrido.

De noite, recebo uma mensagem da Nanda falando de trabalho e fico alucinada. Não tenho condição nenhuma de tomar decisões aqui. Desperdiço vários microssonos pensando no assunto. Sei que ela não fez por mal. Pelo contrário, estava me ajudando a organizar os materiais da viagem. Não imaginei que seria tão difícil conciliar as responsabilidades marítimas e as terrestres. Às vezes o déficit de sono parece não fazer diferença, mas fico devastada diante de perguntas simples, sem saber como respondê-las. Tarefas banais como descascar frutas ou ligar o despertador exigem muito mais atenção. Tiro o caroço de um damasco e jogo a fruta no mar. Fico com o caroço na mão, com raiva de mim mesma por ter desperdiçado um alimento precioso do meu estoque.

Tenho vontade de escrever ao Guillaume Deux. Acho que ele gostaria de ter notícias. Mas ainda quero preservar o silêncio, como se a ausência de contato alimentasse o maior combustível de deslocamentos voluntários: a vontade.

Aqui, os peixes não leem jornal e o vento não vai ser mais gentil porque gostou do que eu disse. As ondas crescem perto da plataforma continental. Faz tempo que não vejo outros barcos. Grandes surfes. Decido não parar em La Coruña. O sinal de celular chega antes da vista da terra.

14.08.21, SÁBADO, AO LARGO DO NORTE DA ESPANHA

MADRUGADA DE CALMARIA. Fico longe das falésias para evitar as pedras e os baixios, mas devia ter seguido as recomendações meteorológicas e pegado um efeito de brisa marítima colando no muro. De manhã, o sol aquece o continente, e a diferença de temperatura entre a terra e o mar cria correntes de ar na fronteira entre os dois. Vejo um veleirinho avançar rápido perto da costa enquanto estou parada. O vento é invisível, e é mais difícil acreditar no que não dá para ver.

Aproveito o tracinho de sinal no celular para me pôr a par do resto do planeta e ligo para a minha avó para comemorar a primeira perna da viagem vencida. Cometo a fatalidade de entrar no terrível Instagram — o hipnotizador. Descubro que várias pessoas estão seguindo a viagem. Pensei que ninguém ia ver nossos desvios tortos na carta...

Nas redes sociais, vejo que pessoas que não conheço se deram ao trabalho de escrever sobre mim com a intenção de me desqualificar. Fiquei bem surpresa — e até honrada —, pois não sabia que eu era relevante o bastante para que absolutos desconhecidos se dessem ao trabalho de me investigar e opinar sobre mim e a Sardinha.

Um ano atrás, comprar um barco parecia uma ideia totalmente absurda. Eu tinha acabado de me separar do Guillaume Un, com quem eu morava, não conseguira o estágio e mal tinha dinheiro para dividir o aluguel quando Henrique me convenceu a comprar um veleiro. Ele e a esposa, Ieva, ofereceram suas reservas para que eu pudesse comprar o barco. Juha, o antigo proprietário, mostrou o veleiro com todas as qualidades e os defeitos. A minha contraproposta não era maior do que o valor de uma bicicleta. Ele sabia que financeiramente não valia a pena, mas sorriu, apertou minha mão e me entregou as chaves.

Para não correr o risco de mudar de ideia, decidi que só daria a notícia para quem com certeza apoiaria a decisão. A primeira pessoa para a qual liguei não tinha experiência em aquisição de veleiros ou em navegações, mas eu sabia que ela teria empatia porque, quando tinha a mesma idade que eu, ela se preparara para a travessia mais longa, dura e solitária que alguém pode fazer: ser mãe. Essa pessoa era a minha avó. Ela disse que preferia me apoiar do que saber que eu passaria o resto da vida arrependida por não ter seguido adiante. Me prometeu guardar segredo e deu o nome ao barco, argumentando que "Sardinha" era um peixe pequeno para o qual ninguém dava muito valor, mas que navegava grandes distâncias e nunca estava sozinho. Ela faria parte do cardume.

O motor cuspia a água de refrigeração para uma garrafa posicionada dentro de um balde, que eu precisava esvaziar a cada duas horas. Havia goteiras em todos os cantos e o suporte do piloto automático estava apodrecido. Todos os cabos estavam secos e precisavam ser trocados. A Sardinha tinha ótimos equipamentos para navegação interior, mas precisava estar equipada para uma viagem muito mais longa do ela jamais fizera. Contei os planos aos amigos próximos:

Fabricio, Pierre, Leo, Bea, Carlos, Kathe e os primos Tete e Ricardo, meu porto seguro na França. Durante as semanas de preparação, eu acordava cedo, almoçava o mais rápido possível e dormia nas poucas horas em que o sol do verão norueguês se escondia no céu.

Parti. Vivi primeiras vezes todos os dias. Na primeira noite, bati numa pedra no meio do canal. Achei que a viagem terminaria ali. A Sardinha aguentou, era mais forte do que eu pensava. Percebi que nos inconvenientes de ser antiga e pequena estavam suas maiores qualidades: ela era de uma época em que os cascos eram mais espessos, e tolerava bem meus muitos erros de iniciante. Além disso, um veleiro menor requer esforços menores, peças mais leves e geralmente mais baratas, e eu conseguia quase sempre encontrar uma alternativa para substituir as peças que quebravam com cabos, cola, fita adesiva e, em alguns casos, até fio dental.

Semanas depois de eu aportar em Dunkerque, os jornalistas atribuíam o sucesso da viagem ao fato de ser filha do meu pai. Eu já sabia que a parte mais valiosa do projeto não era o reconhecimento dos outros, e sim o aprendizado que ninguém tiraria de mim.

Enquanto eu ainda estava perto o bastante da costa espanhola para ter sinal de celular, Leo, o psicólogo, me atendeu em pleno domingo e no meio da navegação — acredito que, até esse momento, ter sessão de terapia em alto-mar foi a maior proeza alcançada na viagem.

Já que não vou aportar tão cedo, vou somar mais alguns dias sem ver ninguém. Com isso, às vezes posso ficar mais sensível às poucas interações que virei a ter. Vou precisar ser racional e não me deixar distrair. Você, diário, é meu espelho. O barco precisa de mim, e meu foco é o trajeto até a próxima escala. Quando uma nova mensagem me incomodar, vou apertar o botão de desligar e "plim"! Fim dos problemas.

A despensa do meu afeto está vazia. Cheguei faminta.

"Ponha um casaco", "passe protetor", "durma", "mande notícias", "não saia sem colete", "beba água" são frases que não vou ouvir. Sou minha única provedora de carinho. Como um pirata, a solidão invadiu o barco e ameaça não ir embora. Investigo minha nova tripulante e espero que ela não ocupe tanto espaço.

Aos poucos, nos conhecemos mais. E suspeito que sua companhia vai tornar ainda mais valioso cada abraço recebido depois da nossa chegada.

15.08.21, DOMINGO, AO LARGO DE LA CORUÑA

PELA PREVISÃO, teremos bastante vento à nossa espera quando dobrarmos o cabo Finisterra. Depois de cinco dias de calmaria, admito que não vejo a hora de ter vento sobrando.

Falo com meus pais. Mamãe sempre tem assunto suficiente para semanas de ligação. Papai deseja boa sorte e, em momentos excepcionais de grande inspiração, faz uma ou duas perguntas técnicas e objetivas do tipo:

"Quantos dias de viagem?"

"O leme de vento funcionou?"

Por isso, até levei um susto quando ouvi dele: "Estou orgulhoso de você". Talvez ele não seja tão indiferente quanto eu pensava.

Acho que, depois de três anos morando na França, eu bem que poderia ter encontrado um momento mais prático para começar um relacionamento do que um mês antes de partir num minibarco para ficar semanas isolada e com comunicação restrita. Tinha até me esquecido da voz do Guillaume Deux. Tinha me esquecido de como ele me faz falta. E do quanto ouvi-lo me faz bem.

Fico imaginando como seria nas antigas caravelas se partissem apenas mulheres, deixando homens abanando lenços no cais. Quantas gerações de mulheres inconformadas foram necessárias para que nós pudéssemos partir também, por conta e vontade próprias, para além do horizonte visível.

Me preparo para o vento forte de amanhã. Organizo o barco. Amarro todos os objetos soltos. Preparo uma "cama seca" para dormir seca e uma "cama molhada" para dormir encharcada, de colete salva-vidas, quando não puder me trocar e precisar estar sempre pronta.

Tiro a jardineira e as botas de borracha da mala. A bolsa com o kit de sobrevivência para abandono do navio está na pia da cozinha, ao alcance da mão. Espero jamais precisar dela.

16.08.21, SEGUNDA, CABO FINISTERRA

O VENTO ACELERA. O mar cresce. Não tenho o direito de sentir o medo que sinto.

O barco parece um touro mecânico de festa junina.

As ondas são pontudas como montanhas recentes. Formam grandes empenas líquidas e se enfiam debaixo do casco. Babam espuma.

Aqui eu não sirvo para nada.

Vento de través empopado. A Sardinha se debate para ficar de pé sozinha.

Vou de joelhos até a proa levando o saco com a vela de tempestade, me agarro em tudo que dá.

As mãos estão duras e molhadas. Os mosquetões da vela de proa escorregam entre os dedos, e demoro para conseguir tirar a buja.

Muitos barulhos estranhos. Não sei de onde vêm.

Reduzo o pano até sobrarem duas velinhas que parecem guardanapos.

Quantas paixões, quantos pavores cabem neste pequeno universo flutuante?

As paredes gritam quando o casco cai do degrau da onda.

Me deito no chão para dormir.

Está molhado.

Cartas, cadernos, cabos, casacos, comidas: tudo ensopado e misturado no piso.

Impossível pegar no sono.

Impossível relaxar cada músculo contraído do meu corpo.

Chamo a guarda costeira para ter detalhes da previsão. O rádio tem muito ruído, e faz tempo que não pratico o espanhol. Não consigo entender metade do que dizem, só sei que vai piorar. Dou minha posição para deixá-los atentos. Algum barco perto de nós pediu resgate. Me concentro para não deixar os pensamentos negativos tomarem conta de mim.

Penso no meu pai dizendo que sente a "dor das coisas". Sinto a dor das polias se debatendo, das baterias escorregando no cofre, das caixas de ferramentas colidindo entre si, dos estais que se contraem e relaxam quando uma onda nos pega de lado e nos carrega, causando um *jibe* surpresa, mudando a direção do barco. Ondas passam pela porta e pelas válvulas de ventilação do teto. Meus sentimentos se alternam entre a animação de ir rápido e o medo de perder o controle. Penso no que Henrique dizia: a 30 nós, sempre quebra alguma coisa. Estamos com rajadas de 36, e a previsão anuncia que os 40 nós do sul devem chegar às quatro da madrugada.

Com a luz do sol, posso ver todas as partes do barco e confirmar que, por enquanto, nada parece ter quebrado. A pior hora será à noite. É impossível dormir. Estou encharcada e tensa. E preciso guardar energia para a madrugada. Preciso decidir se fico perto ou longe da costa. O mar parece estar melhor perto da costa, mas a terra tem outros perigos: mais barcos, pedras, menos opções de fuga. Geralmente, nos lugares mais rasos, a onda cresce — e a costa ibérica tem justamente uma fileira de montanhas submarinas que fazem o mar ir de mil metros a cem metros de profundidade de repente.

Decido me afastar da costa e fico sem sinal, logo antes de Murillo, o meteorologista, mandar mensagens explicando detalhadamente por que essa era a pior opção.

16.08.21, SEGUNDA, AO LARGO DE VIANA DO CASTELO

É noite.
Tenho medo.
Repito: "Apenas sobreviva, uma hora acaba".

16.08.21, SEGUNDA, AO LARGO DO PORTO

DECIDO DAR UM *jibe* e ir em direção à costa. As ondas nos empurram, e avançamos rápido: 5, 6, 7, 8, 9 nós. Estou cansada, e a exaustão me ajuda a pegar no sono. Me levanto a tempo de desviar de um cargueiro.

Perco as regulagens do leme de vento. A engrenagem de ajuste da pá aérea parece estar gasta. Os dentes quebrados. Seguro a barra do leme com força. As ondas estão cruzadas e nos pegam de frente e de lado. Me arrependo de não ter deixado o piloto elétrico preparado. O mar está agitado demais para eu largar o leme e ir buscá-lo. Seguro a escota da vela mestra com a mão esquerda. Eu tinha acabado de preparar o jantar. Tenho um saquinho de comida liofilizada entre os joelhos e não posso usar as mãos para comer. O que eu vim fazer aqui? Por que tive essa ideia inútil e idiota de me enfiar nesse lugar que não se importa com a minha presença? Difícil explicar o que faz alguém escolher se expor à agonia de sentir fome com um almoço no colo. Sentir frio a poucos passos de um casaco. Sentir sono ao lado da própria cama. Não sei dizer por que fiz tantas renúncias para estar aqui, onde sou mera passageira dos movimentos do planeta, onde sinto tanto medo, tanta aflição, para conseguir tão poucos momentos de contentamento.

Respiro fundo e digo a mim mesma: "Fica calma, Tamara, porque no futuro será muito pior. O vento será mais forte, as ondas serão bem mais altas que essas, e seu medo será ainda mais profundo. Aproveita para se preparar agora".

Assisto ao mar e tento prever os movimentos das ondas. Conto os segundos entre uma e outra e espero uma brechinha para soltar o leme e pegar o piloto elétrico. *Pan-pan* e *Mayday* no rádio VHF são a pior trilha sonora para dormir. Logo será dia outra vez.

17.08.21, TERÇA, AO LARGO DE FIGUEIRA DA FOZ

NA MADRUGADA, ATENÇÃO AOS BARCOS. Eu estava tão cansada que às vezes ficava perto do limite de "ignorar" os perigos e seguir dormindo, pensando em coisas como: "Se a gente bater mesmo, vou acordar". Então me lembrei daquele livro sobre velejar em solitário que diz que é muito comum ficarmos mais tolerantes ao perigo quando estamos exaustos, e logo tratei de me levantar e tentar me distrair como podia para ficar acordada enquanto estávamos em uma zona de risco, de modo a não cair na tentação de dormir demais.

Começo a ver a costa. Os ventos do norte parecem estar menos fortes, e as ondas, um pouco menos pontudas. Faço microdescansos de dez minutos e tento recuperar as horas perdidas. Vou conhecendo os limites do barco cada vez melhor e fico menos impressionada com o mar. Vou aos poucos abrindo rumo para o oeste.

Pelos SMS via satélite, peço ajuda ao Henrique para encontrar uma substituta à peça do leme que quebrou. Ele organizou minha chegada na doca em Lisboa. A princípio, chegamos amanhã. Apesar de cansada, não sei se estou feliz em chegar logo.

Esse é o período mais longo que fiquei a sós sem parar, mas não sinto que faz tanto tempo que parti. Conto as garrafas de água restantes pensando na possibilidade de seguir em frente: temos cinco litros.

Acho que estou enfim encontrando meu ritmo e meu jeito de fazer as coisas: os horários de comer, de dormir, os jeitos de andar pela proa quando o barco mexe muito, os nós de cada cabo, os sons da Sardinha em cada condição, o lugar de guardar cada coisa.

Me sinto bem aqui. Mesmo quando as condições são difíceis, tenho a impressão de que há sempre uma saída, uma solução. E quando eu já tiver tentado de tudo, quando não puder fazer mais nada, vou esperar. Vou fazer o suficiente para manter o barco seguro, e a mim, viva. Vou guardar energia para quando meu esforço fizer diferença. Uma hora o contexto vai mudar. Como foi a calmaria no início, como foram as ondas de ontem.

Já que não tenho mesmo como sair daqui, melhor estar na companhia de bons pensamentos e deixar os ruins para trás, na esteira do barco.

A noite é longa. Você me faz companhia e torna a solidão menos ardida.

18.08.21, QUARTA, DO CABO DA ROCA AO RIO TEJO

TUDO INDICA QUE HOJE vamos pôr os pés em terra. Surfamos em asa de pombo na altura do Cabo da Roca. Estou me acostumando com essas novas velocidades em surfe da Sardinha.

Começo a preparar o barco para a escala. Separo roupas doces e salgadas, dobro as velas que não vou mais usar, aducho os cabos sobressalentes, organizo o cofre para poder tirar rapidamente as amarras e defensas.

Tudo em ordem, fazemos entre 6 e 7 nós. Começo a fazer a curvinha do Cabo e, na altura de Cascais, entra um vento absurdo, uma mega-aceleração. A gente atravessa, o barco aderna, e eu perco o controle enquanto vamos em direção à encosta. Voa macarrão por todo lado. Eu tinha acabado de fazer o vídeo dizendo que tudo ia bem, e agora é o caos absoluto. Alivio a escota da mestra, solto a adriça da genoa e disparo até a proa para baixar a vela. O mosquetão que me prende à linha de vida, o sistema de segurança, fica travado no caminho. A encosta está perto. Tenho pouco tempo. Solto meu cinto e fico solta do barco bem no momento em que as ondas nos cobrem, o casco bate contra a água, seguro a borda da genoa para abaixá-la, e ela se debate e me puxa para fora. Me deito em cima da vela para contê-la. A adriça emperra, dou um nó no cabo como posso, passo na genoa um elástico que, por sorte, eu havia esquecido ali no balcão.

Enxergo cada vez mais detalhes da encosta. De cara para o vento outra vez. A genoa escapa do elástico e voa para o mar. Se o barco não chegar, eu também não chego. Prendo a vela, desta vez melhor que antes, e volto para o cockpit. Navegamos novamente sob controle.

Subitamente, 2 nós me parece uma velocidade tão adequada... Nada como um susto na cara da chegada para trazer a humildade de volta.

Entro na marina. Mal pus os olhos no pontão, vi que havia gente à minha espera. Como é bom, mas como fico nervosa. Tenho que negociar com as minhas sobrancelhas para apartá-las e fazer com que eu pareça mais tranquila do que estou. Aceno para mostrar que os vi, apesar de eles saberem que seria impossível eu não os ter visto. Não acenar, não sorrir, me pareceria antipático com essas pessoas que ainda não reconheço, mas que não estão lá por acaso. Acenamos muitas vezes enquanto vamos ao encontro uns dos outros.

Sigo aflita, agora há pouco espaço ao meu redor, pouca margem de erro. Tenho que considerar que estou cansada, preciso evitar manobras ousadas. O gerente da marina diz para parar na vaga 214. Como — raios — ele pensa que vou ler os numerozinhos desenhados no pontão estando tão longe?

Os esperadores me ajudam a achar o lugar. Viro o barco em cima da hora. Pensei que não ia dar mais, mas deu! Lanço os cabos para as pessoas à espera. Talvez elas não saibam como prender as amarras. Reconheço Álvaro e Augusta, amigos queridos. José é um companheiro de viagem do meu pai. Não sabia que estava acompanhando a Sardinha. Tenho que me dividir entre o barco e as pessoas. Peço paciência aos meus pensamentos. "Depois conversamos, agora vamos terminar isso." Barco amarrado. Motor desligado. Ufa!

Alexandra, amiga da faculdade, e toda a família estão lá. José, Wanda, Augusta e Álvaro me entregam um cachorrinho e um buquê de flores. Trato de arrumar uma xícara para pôr as flores na água e uma sombra para o cachorro, não quero fazê-los sofrer com o mesmo calor que eu. Estamos em Lisboa, Sardinha!

Dois anos atrás, estive aqui e passeei pelas docas imaginando um dia ter um barco neste lugar. Não poderia adivinhar que, em tão pouco tempo, o que parecia um sonho seria um gesto comum. Quando tracei a rota da viagem, meus destinos eram palavras dispersas em cartas marinhas. Eram desenhos, cores, medidas, desejos de onde surgiram caminhos. Eram enigmas, enganos. Não previ carinhos, calores, amigos, apegos, amores. Enquanto atraco na terra, ela vira a dona dos meus planos.

Com todas as conversas e encontros, o banho foi ficando para mais tarde. Quando aconteceu, me senti terrestre de novo. Não consegui falar direito ao telefone. Liguei de novo, mas acho que Guillaume Deux já estava dormindo.

Me pergunto por que vim sozinha. Se, juntos, teríamos a força dos nossos braços somados. Se, juntos, seríamos mais cabeças pensando. Se, juntos, poderíamos passar ferramentas de mão em mão, estar em dois lugares ao mesmo tempo e, nas noites infinitas, dormir mais e melhor. Mas, sozinha, exploro o limite da força de cada músculo. Sozinha, aprendo a orquestrar os pensamentos. Sozinha, conheço a companhia que eu mesma me faço — e estar sozinha alimenta o desejo de um novo abraço.

27.08.2021, SEXTA, LISBOA

A PEÇA PARA CONSERTAR o leme de vento deveria chegar na segunda-feira, mas está presa na alfândega.

Guillaume Deux veio me ver no fim de semana. Nos perdemos pelas ruas tortas do centro da cidade, entre turistas e tuk-tuks. Corremos até o castelo. Foi difícil acompanhar seus passos. Caíram lágrimas de frustração por sentir que eu o "atrasava", mas ele me disse que o importante era estarmos juntos. Almoçamos em Belém, pedimos um prato para duas pessoas que vinha numa panela de barro, parecia moqueca. Fomos de patinete até o castelo de Belém, e de lá ao museu nacional. Eu falava muito na exposição, e ele não dizia grande coisa. Achei que estivesse incomodado comigo, mas depois ele me disse: "Você consegue ver coisas que eu não vejo".

Depois que minha avó falou do frio que faz em São Paulo, fiquei lembrando de quando o vovô acendia a lareira com os gravetos que ele catava na pracinha. A gente se sentava no chão, em volta do fogo, ouvindo ele falar do porquê de cada coisa. Penso no risco que minha avó correu se casando com ele. Ela era mais nova que eu. Eles pouco se conheciam quando tomaram a decisão de começar a travessia de viver juntos para sempre. Penso no impacto que aquela decisão teria sobre a vida dela e sobre a minha possível inexistência, na chance de eles não terem se encontrado na praia de Ipanema nas férias de verão de 1957. Ela nem morava no Rio.

Bem maiores que as chances de encontro são as chances de desencontro. De duas pessoas partirem e voltarem para casa em horas alternadas. De tomarem ruas reversas. De mergulharem em ondas paralelas. De os carrinhos de milho e guarda-sóis interceptarem o ponto de vista de um sobre o outro. De os ritmos defasados dos seus passos sobre a areia afastarem os corpos. De um sinal de chuva desencorajar o caminho que levaria à convergência. De uma peça indispensável da história não concluir a viagem. Por alguma razão que nossa razão não alcança, os encontros acontecem. Somos a prova disso.

Ontem Guillaume Deux foi embora. Esta manhã, é a saudade que pousa a mão no meu corpo, onde mil vezes ele pousou a dele. Esta manhã, é a falta que me faz companhia quando subo as escadas do castelo correndo, onde ele me disse para saltar os degraus. Quando paro na pastelaria onde tomamos sorvete e sanduíche de café da manhã. Quando cruzo a grama verde da praça onde fingi dormir, admirando a luz diagonal que cobria a paisagem do seu rosto. Não sei se nos veremos de novo. Mas a saudade me visita como se isso ainda fosse acontecer.

28.08.2021, SÁBADO, LISBOA

PASSO O DIA CUIDANDO DO BARCO. Escalo o mastro para trocar a lâmpada, desmonto o leme de vento, passo lubrificante nas pequenas engrenagens. Nas horas em que o sol cobre a outra metade do mundo, leio livros de poemas e livros sobre livros de poemas. Por enquanto busco algum conforto, alguma pista, alguma isca para certas perguntas erradas que me atravessam como flechas nas horas em que caminho sozinha e desarmada.

Qual será minha próxima vida terrestre?

Qual será meu endereço?

Qual será minha profissão?

Que forma, que caminho tomará essa relação?

Vou esticando a viagem e vivendo essas perguntas, e suas irmãs, primas, filhas. Parecem sussurrar: "Você nem imagina o que preparamos para a sua volta".

Dezenas de e-mails. Mensagens de mulheres, homens, meninas que dizem que sou corajosa por fazer essa viagem. Amigos e inimigos de infância me escrevem depois de anos de silêncio. Parece que a viagem mudou a visão de muitas pessoas sobre mim. Parece que agora me leem com mais atenção, dão mais importância ao que escrevo. Mas essa viagem é só uma pequena parte do longo caminho que percorri até aqui.

Esses que assistem pela primeira vez ao nosso voo solo, que nos veem saltar do penhasco de asas abertas, que aplaudem nossas piruetas no ar, que dizem que "nascemos pra isso", que "o talento já estava no sangue", que o "vento sempre esteve a nosso favor", eles jamais saberão quantos "nãos" fantasiados de "sim" nos desencorajaram, quantas pessoas nos deixaram na mão, quantos desvios sofreu nossa rota, quanta energia, quanto tempo, quantos recursos investimos em vão, quantas semanas passamos à espera de entregas que não chegaram e nunca chegarão.

Esses que assistem pela primeira vez ao nosso voo solo acham que lutamos contra a distância, contra o ar, contra o mar. Eles jamais entenderão que o grande desafio foi, enfim, desatracar.

29.08.2021, DOMINGO, LISBOA

ANDO PELA CIDADE PARA TENTAR descansar os pensamentos e passo pela Feira do Livro de Lisboa. As tendas expõem livros como se oferecessem legumes. Abro um exemplar numa folha qualquer, sem marca-página, sem marcas de dedos ou sinais de antecedentes. Julgo-o injustamente pelos critérios errados. Pergunto-me se vale o peso de duas ou três maçãs que portaria nas costas, se vale o peso de uma garrafa de água a mais nas estantes da Sardinha. Estimo o volume precioso que tomará no salão e o frescor que poderá prover nas horas de solidão em dias de calmaria. E levo dois Matilde Campilho, um Maria Rilke e um Maria Cardoso. Pelo menos, eles não vão apodrecer com o calor.

Ainda há reparos a fazer. Não tenho notícias da alfândega, estou aflita, mas preciso forçar o sorriso para as gravações do documentário. Segundo o roteiro, a Sardinha deve estar ancorada longe da costa, e a luz do sol deve iluminar meu rosto enquanto respondo diversas perguntas pessoais. O roteirista escreveu uma série de palavras sem saber que, para me afastar da costa, devo percorrer o rio na hora certa da maré, desviar dos cargueiros e jogar cinquenta metros de corrente de âncora com as mãos antes de começar a responder como me sinto.

Perdemos a hora da maré, não acho lugar para ancorar e sou obrigada a manter o barco à deriva e dividir a atenção entre a entrevista, o ângulo do sol e o risco de colisão com outros barcos que entram e saem do Tejo. Em algum ponto, começo a chorar, não por estar emocionada, mas por estar absolutamente exausta. Faltavam ainda algumas perguntas. Seguro o choro e respondo.

Chega a mensagem: "Tenta me ligar mais tarde, eu atendo se não conseguir dormir".

Na frente da câmera, para a qual falo há duas horas sobre o sentido de deixar a terra, sobre a beleza da solidão, sobre a autonomia que uma mulher pode ganhar ao partir sem pai, sem filho, sem par, me pergunto se ele já está em casa, se quando eu chegar ao cais será tarde demais para ter a voz dele pendurada ao telefone.

O sol se põe atrás da ponte de Lisboa. Eles desligam a câmera. Chegamos ao porto. Estou sozinha. Crescida. Independente. Mas como eu gostaria de tê-lo aqui de novo.

Tento a sorte.

No dia seguinte, encontraria a mensagem:

Suas chamadas não foram atendidas. Meu espírito já estava esperando por você no outro mundo, em um mundo onde podemos nos encontrar todos os dias e todas as noites.

Em breve você partirá para novos lugares. Mas à noite, todas as noites, veremos as mesmas estrelas no céu, o oceano em que você navega será aquele em que verei o sol se pôr. Milhares de milhas nos afastarão, mas, pelas palavras, de algum jeito, nos encontraremos.

31.08.2021, TERÇA, LISBOA

A PEÇA DE REPOSIÇÃO para o leme de vento ainda está presa na alfândega. Não vou mais esperar. Descubro que Miguel, o amigo português dos meus pais, vai para Londres na sexta-feira. Ele se oferece para buscar uma substituta. Ligo para o construtor do leme de vento na Inglaterra e pergunto se ele poderia entregar o componente fora do horário comercial. Não consigo entender seu sotaque, apesar das múltiplas repetições, então ele passa para a esposa, que assume o papel de tradutora de sotaques. Ela diz que ele adoraria ajudar, mas que o estoque está na garagem da casa deles, e eles estão viajando. Que azar! Agradeço e desligo.

Poucos minutos depois, eles me ligam e confirmam que vão antecipar a volta da viagem para fazer a entrega. Repetem o endereço três vezes até eu conseguir escrever. Dois dias depois, Miguel quase perde o voo e estoura todos os limites de velocidade, mas consegue buscar a peça na pequena cidade onde o casal mora. Eu mal acredito quando ele chega na marina e tira o pequeno anel dentado do bolso. Começo a reparar imediatamente o mecanismo com a sensação de termos contornado o destino.

O amigo Patrick faz uma escala imprevista em Lisboa. Vamos a uma sorveteria no Bairro Alto. Diante de muitas opções de sabores, pedimos uma sugestão ao atendente. "Nenhuma sugestão. Sou vegano. E estou farto. Farto. Farto. Farto", ele diz, revoltado como um pacifista que, para ganhar a vida, se vê obrigado a fabricar fuzis.

Recebo a mesma pergunta todos os dias desde que novas pessoas passaram a saber a respeito da minha viagem. Uma vez por dia, pelo menos, encaro a pergunta como se nunca tivesse ouvido e busco uma resposta que nunca dei. Uma vez por dia, pelo menos, escovo os dentes, preparo o pote de aveia com canela, sementes e frutas secas, abro a caixa de e-mails, engulo a cápsula de vitaminas, passo protetor solar e encontro:

E depois?

Tentar responder a essa pergunta é o ritual que me tira todo dia do lugar.

Em dois anos, os caminhos parecerão claros e evidentes. As dúvidas terão sido trocadas por outras, e eu nem vou lembrar que a Tamara de hoje sabia tão pouco sobre o que a esperava cem dias à frente.

A expectativa é sair depois de amanhã. Abro de novo a previsão do vento. Meu plano é ir para a ilha da Madeira, mas os ventos estão desfavoráveis. Começo a considerar ir para as Canárias. Tem dias em que me pergunto se faz parte de uma fase ou se a vida será para sempre como esta manhã, em que acordo com uma lista de tarefas precisas:

- Terminar de instalar a pá do leme de vento;
- Passar cola nos parafusos;
- Encher com silicone as contraplacas do guarda-corpo;
- Escrever o poema sobre minha mãe, sobre o vizinho da marina, sobre ter uma lista de ideias de poemas, sobre saber que muitas vezes serão ruins e vou querer apagar mais tarde, mas escreverei mesmo assim;

– Responder pessoas que me fazem perguntas para as quais não tenho resposta;

– Explicar às pessoas que me pedem coisas que não consigo dar tudo que me pedem;

– Lavar as roupas sujas no pontão;

– Comprar vinte metros de cabo 6 mm;

– Trocar o amantilho;

– Transportar as compras do mercado;

– Comprar gás para o fogão;

– Falar com Carol sobre a direção do documentário da viagem;

– Perguntar à Carina, do veleiro Criloa, se ela pode assumir minhas redes sociais durante a navegação;

– Comprar nova esponja e nova escova de dentes;

– Mandar um áudio bonito para compensar pelo parabéns atrasado;

– Escalar o mastro para trocar a lâmpada;

– Mergulhar para limpar o fundo da Sardinha;

– Comemorar a chegada da peça de reposição como se fosse o melhor presente de aniversário.

Não é exatamente como eu pensava. Mas admito que não tive tempo de pensar muito a respeito.

Ainda não liguei para meus pais. Quando falo com mamãe, sinto um misto de acolhimento e preocupação. Como se eu ainda não estivesse pronta para me dar conta do meu crescimento.

Amanhã partimos outra vez. Volto à sorveteria e peço um último pastel de nata. Viro a esquina na rua da Saudade e sigo por ela toda a vida. As coisas enfim parecem caminhar para isso.

04.09.2021, SÁBADO, CABO SARDÃO

DE VOLTA AO MAR. Pouco vento, estou com o balão no alto. Durmo períodos de 15 minutos e fico monitorando o balão para não enrolar de novo. O mar está calmo e liso. Há luzes irradiando do fundo da água para a superfície. Cruzo cargueiros de vez em quando. Vento fraco de popa. Os golfinhos se tornaram tão comuns que eu nem escrevo mais quando eles passam.

Trabalho duas horas no leme de vento. Estou sentada no suporte, fora do barco, com os pés mergulhados na água. Meus pés escorregam no tubo, e quando sinto que vou cair me dou conta de que esqueci de vestir o colete. "Morrer é mais fácil do que parece", digo em voz alta enquanto me amarro. O céu é azul, há passarinhos de vez em quando. É justamente quando temos menos sensação de risco que ficamos mais expostos ao perigo.

Não encontrei a solução para o leme ainda. Certamente montei algo errado. Devia ter testado em Lisboa, mas a vontade de sair de uma vez atropelou a vontade de fazer tudo direito. Pelo menos tirei o remo da água.

As mensagens do Henrique não chegam. Murillo me aconselhou a ir para o sul puro para evitar a calmaria. Não sei se essa estratégia de contornar a meteorologia funciona para a Sardinha. Avançamos tão devagar que é difícil fugir do problema, seja tempo ruim ou ausência de vento. Até terminarmos de dar a volta, o tempo já mudou. Me concentro no meu propósito, aceito algumas perdas e alguns ganhos e busco fazer o que posso para as velas estarem ajustadas e o barco poder tirar o melhor de cada condição.

São sete da manhã no Brasil. Imagino o que minha família faz a essa hora. Papai deve ter se levantado cedo, aberto a porta para a Zazá entrar, passado por cima do Rufus, que devia estar deitado como um tapete. Ele deve ter pegado o jornal, tirado do plástico, arrancado a sobrecapa com propaganda de olhos fechados para não ver o anúncio, dizendo em voz alta que "não dá pra confiar num jornal que vende a própria capa". Deve ter feito torradas com um furo no meio, onde cabe perfeitamente um ovo caipira médio — ou quatro furinhos onde caberiam perfeitamente quatro ovos de codorna fritos (de uma marca bem especial que ele encontrou depois de testar todas as marcas disponíveis em vários supermercados), temperados com a quantidade certa de sal e pimenta-do-reino, que ele dispõe no centro de um pratinho de sobremesa — e deve comer antes de ir para o escritório.

Mamãe deve aparecer sem se sentar à mesa. Enquanto papai lê em voz alta o editorial, dizendo que o texto é uma merda e apontando os erros de concordância e coerência histórico-ideológica, mamãe provavelmente alimenta os cachorros com a quantidade de ração e de pasta de legumes proporcional ao peso de cada bicho e à empatia que sente por cada um. Depois, deve lavar os copos largados na pia na noite anterior, fazer uma lista mental dos itens que faltam na geladeira e arrumar mais quatro lugares na mesa do café da manhã, como se todas as filhas fossem chegar.

Papai deve estar ocupado num debate consigo próprio, usando palavras como conivente, corrupto, inconstitucional e inelegível, enquanto mamãe acena com a cabeça, como se prestasse mais atenção à minipalestra do que às coisas que terá que fazer assim que ele se levantar da mesa.

Nina deve entrar em casa, bater a porta e correr para a escada. Mamãe deve perguntar: não vai dar bom-dia? E Nina deve surgir pingando, com as bochechas vermelhas e a roupa de corrida ensopada, dizendo, ofegante, que está atrasada e que tem reunião em doze minutos. Se Laura estiver em casa, deve acordar o mais tarde possível, justo na hora de ir para o trabalho. Mas me disseram que ela não mora mais em casa. E que Nina não pode mais correr, porque machucou algum osso da perna que talvez se chame calcâneo. E não sei se mamãe ainda põe meu lugar na mesa, nem se papai ainda lê jornal de papel. E talvez ele tenha enjoado dos ovos, assim como enjoou da tapioca e do café depois que Josi faleceu.

Faz tempo que fui embora. E talvez a minha ideia de café da manhã em família tenha vindo comigo e deixado a realidade para trás.

Faz algumas horas que não ouço outras pessoas. É noite e falo mais baixo, para evitar fazer barulho, como se pudesse acordar alguém. Ainda vejo as luzes de Portugal. Aproveito o sinal e escrevo para Vic desejando feliz aniversário. Entrou um pouco de vento e avançamos bem. Espero que mamãe esteja conseguindo dormir, apesar da Sardinha, de mim, de tudo.

05.09.21, DOMINGO, CABO DE SAGRES

CRUZO A LINHA DE SEPARAÇÃO dos navios que vão para o Mediterrâneo. Pouco vento. A vela não enche, muda toda hora de lado. Fico de castigo cuidando das regulagens para tirar do vento o máximo que dá. Os dias são sutis e silenciosos. Minha própria voz me surpreende. A saudade me visita de vez em quando. Tento encontrar o ritmo para verificar os instrumentos, dormir, comer, carregar as baterias, filmar. Eu mais ou menos chego lá.

Sinto que estou vivendo uma vida paralela. Aqui, o relógio não serve para definir o tempo. Cada milha tem seu próprio tamanho, sua própria personalidade. Os grandes problemas são concretos e temporários. Cada pedacinho do meu corpo é ativo, útil e poderoso. E as fronteiras só existem nos mapas.

O rádio VHF fala inglês, espanhol, português, francês e árabe. Às vezes, essas vozes invadem meus sonhos. Sonhei que passeava com o secretário de economia do Reino Unido, e ele me explicava como transferir dinheiro entre países. Sonhei que Miguel vinha ao meu barco e reclamava que o mar estava muito frio e úmido. Sonhei que tomava café da manhã com minha mãe, e ela me mandava ir embora, mas tinha amarrado uma linha de pesca no meu tornozelo, presa à cadeira dela.

A vantagem de ter vários sonos é também ter vários sonhos.

Os textos curtos me levam para longe de onde estou. E me admira pensar que, enquanto vou de um continente a um arquipélago, essa micromensagem de texto vai daqui ao espaço, cruza planetas, meteoros, lixo espacial, faz escala num satélite, perfura a estratosfera e aterrissa precisamente num celular largado numa cadeira verde, onde logo depois do banho alguém lerá:

"Saudades".

Que reencontro poderia ser maior do que o dos corpos que se tocam com palavras?

Digo a mim mesma que seria simples, seria possível consumir a vida assim: buscando o vento, cobrindo o barco com vestidos para cada ocasião — vela de passeio, vela de corrida, vela de festa, vela de dormir. Eu me concentraria em perseguir o rumo escolhido, desviando de cargueiros, lendo romances, contando estrelas. E alimentaria o desejo de terra, frutas de abraços suaves e sem fim.

Um tubo branco e espesso de nuvem se aproxima pela esquerda. Avançamos devagarinho, espremendo o suco do vento, quase inexistente. Quando o tubo nos alcança, o vento subitamente aumenta muito, e a Sardinha voa — 6, 6,5 nós, bem adernada. Ouço o som de água vindo do interior — o barco está todo molhado! Tem água empoçada no banco de baterias, no assento, encharcando a mala de roupas "doces e secas", no chão, no pé do motor. Não sei de onde veio tanta água, mas, pelo gosto (provei), é doce. Suspeito que venha de algum vazamento dos galões grandes que ficam a bombordo. Se eu não tivesse reserva, estaria em apuros.

06.09.21, SEGUNDA, ENTRE PORTUGAL E MARROCOS

MUITO SOL. POUCO VENTO. Estou entediada. Avançamos pouco. Cada vez menos navios, menos conversas no rádio. Saio sem colete, apenas para experimentar a sensação de fazer algo proibido.

Decido tirar a camiseta. Olho ao redor, como se precisasse me certificar de estar mesmo sozinha, de não estar sendo vigiada. O sol queima o colo. A estranha sensação de passar protetor solar sem contornar o biquíni. Deve ser legal ser homem e fazer isso o tempo todo sem ter a impressão de estar cometendo um crime.

Tomo coragem para tirar as peças que sobraram. O sol queima novos pedaços de pele. Passam navios militares, navios cargueiros. Como os homens puderam privar metade do mundo do prazer de expor ao vento o próprio peito?

O ar toca meu corpo uniformemente. Tomo banho com um balde de água do mar e uma garrafa de um litro e meio de água doce, cuidando para que cada preciosa gota não escorra em vão.

Já são 19h22. O dia custa a passar, e o vento fraco vem justamente da direção para onde queremos ir.

Uma mensagem da minha mãe chega:

Vc vai pra Las Palmas?

Bom dia, mãe!
Não sei ainda pra qual ilha vou
Eu sei que em uma delas tem uma boa estrutura
de lojas de peças de barco
Se souber qual é, me avisa!

Sugestão: Las Palmas

Ok, vou pra lá

07.09.21, TERÇA, ENTRE PORTUGAL E MARROCOS

LÍNGUAS DESCONHECIDAS FAZEM SONS estranhos no 16, canal de emergência do rádio. Sopros, assobios, cantos, rugidos, cochichos, gemidos. Gritam "Maaaaaaario", "Luiiiiigiiiiiiii". Quando enfim pego no sono, esses homens desocupados e insolentes me fazem acordar assustada com barulhos e conversas desagradáveis em árabe. Sinto raiva, solidão e medo. Quero desligar o rádio, mas esse instrumento também pode me salvar.

A cobrinha do trajeto se aproxima do Marrocos. Ainda estamos de través. O vento é firme, as ondas nos ajudam e surfamos a 6 nós. Levanto a cada vinte minutos para me assegurar de que o vento não passou dos 20 nós e de que não preciso trocar a vela. A Sardinha não tem enrolador de genoa. Então, quando o vento aumenta, diminui ou muda muito de direção, tenho que soltar a adriça, ir até o nariz do barco com a vela nova nos braços, ajoelhar para tirar todos os mosquetões que mantêm a frente da vela presa ao cabo de aço e trocá-la pela vela mais adaptada à situação. Dobro a vela anterior molhada, enfio no saco e guardo. É uma operação que leva uns seis minutos quando o mar está liso e o vento, calmo, mas pode ser bem exigente quando as ondas passam por cima de nós, o corpo escorrega e o vento forte ameaça fazer a vela voar como um balão, cair no mar, formar uma bolsa de água, e daí nenhuma força é capaz de puxá-la inteira de volta. É por ter tido algumas aventuras assim que busco antever o aumento do vento, prestando atenção às nuvens, à temperatura e ao movimento do mar. Nem sempre acerto.

Eu poderia ser mais conservadora e fazer como muitos navegadores solitários de cruzeiro fazem: diminuir o pano de noite, quando é mais difícil ver o céu, e prever as mudanças do vento. Mas, por ser pequena e pesada, a Sardinha tem uma velocidade tão baixa que, se eu diminuir a potência nas velas antes de dormir, acabo estendendo ainda mais um trajeto que já é longo o bastante. Geralmente, me arrisco mais e termino as trocas de vela ensopada e cansada.

Sonho que volto para a casa dos meus pais, onde me ensinaram a diferença entre dia e noite, frutas e flores, o nome de cada cor. O telefone continua em cima do grande móvel da entrada, a mesa de jantar ainda tem as marcas do dia em que descobri o estilete, cercada das cadeiras que quebrei de tanto balançar para a frente e para trás. O mesmo jardim que nos levou para outros países e planetas, o mesmo varal onde pendiam meias cada vez mais longas, blusas com cada vez menos cor. A grama do jardim estava seca, o bambu tinha aos poucos tomado tudo, duas camisas sociais secando, cadeiras vazias diante de pratos que esperavam alguém que não viria, o telefone tocando sem ninguém atender. "Se for importante, vai tocar de novo." Olho no espelho do lavabo que levei anos para alcançar. Voltei para casa. Mas o rosto que tive um dia não estava lá.

O rádio me acorda com um mau sinal.

Mayday mayday mayday. This is the sailboat Isabel, this is the sailboat Isabel, we are sinking. We are in need of immediate assistance.[1]

O vento aumentou.
Entre um sono e outro, um sonho e outro, fiz as contas:
Mil milhas!
Mil milhas!
Abro uma garrafa de água com gás e saio gritando: UM QUARTO!

---

1 Mayday mayday mayday. Aqui é o barco à vela Isabel, aqui é o barco à vela Isabel, estamos afundando. Precisamos de ajuda imediata.

09.09.21, QUINTA, NA ALTURA DE EL JADIDA

NOITE. DESDE QUE MINHA MÃE escreveu para dizer que Marcão teve problemas com piratas exatamente na região onde estou agora, não consegui tirar a preocupação constante da cabeça. Tem 15 nós de través. Avançamos bem.

A mais ou menos setenta milhas náuticas do Cabo El Jadida, vejo a primeira embarcação depois de dois dias desde que me aproximei da costa do Marrocos. Pelas luzes, parece um barco grande, mas acho estranho não vê-lo no AIS, o identificador de navios próximos. Até agora, TODOS os barcos apareciam no sistema, mesmo os veleiros pequenos. Eu o acompanho com os olhos e parece que ele não fica para trás. As luzes estão cada vez mais brilhantes e próximas.

Escrevo para o Henrique para deixá-lo em alerta. Mas já são duas da madrugada na Noruega, não sei se ele vai ler. Pelo menos no Brasil alguém ainda deve estar acordado. Hesito em escrever para meus pais. Eles não podem me ajudar aqui. Mas, se acontecer algo ruim, pelo menos terão uma pista do porquê.

Mãe, tem um barco meio estranho
sem AIS se aproximando de mim

> Ele tem as luzes, mas tô vendo que tá
> vindo na minha direção
> Recomendação??

Desligo as luzes? Desligo o AIS? Eles certamente já me viram. Tentar me esconder pode apenas denunciar minha apreensão. Muito medo. Sigo o barco com os olhos. Ele surge por alguns segundos no AIS e some. Talvez ele tenha desligado o sistema pela mesma preocupação que eu. O medo é um moinho que tritura tudo que passa na minha cabeça. Os pensamentos negativos viciam. Por que ele se aproxima? Acho melhor assumir que sou pequena e acender as luzes do que tentar me esconder. Os dois pequenos pontos luminosos me deixam acordada por horas. Até que ficam para trás e somem na escuridão.

10.09.21, SEXTA, NA ALTURA DE AGADIR

AVANÇAMOS BEM. VENTO DE TRAVÉS, rajadas de 18 nós. Os golfinhos fazem a visita habitual. O último pêssego foi comido. Os panos que o protegiam não impediram batidas e ferimentos leves. Com dias e dias de fruta seca, grão seco, legume seco ou em conserva, que prazer infinito é comer fruta gosmenta que baba, suja a cara e cola nos dedos. Com texturas imprevistas e improváveis degradês, colorida até o último fiapo que pinga na roupa, no chão, até sobrar na mão o caroço, possível futuro de pêssego.

De tanto puxar e soltar cabos, a pele das minhas mãos começa a descascar. Meus dedos parecem inchados. Tenho pequenas colinas lá onde a palma se encontra com a raiz de cada dedo, logo abaixo das costuras. Muito vento de lado. Algumas ondas. O sol faz derreter a pele e o protetor solar, e pequenos rios escorrem nas minhas costas expostas ao sol. Uma garrafa de cinco litros de água que ficou do lado de fora se tornou um condomínio de pequenas algas castanhas. Considerei esse um perfeito pretexto para um banho.

Sem portas para abrir ou fechar, as paredes são o horizonte infinito da linha d'água. O teto é azul-claro com nuvens esfumaçantes. O sol é a única testemunha do evento que está para acontecer. Devo ficar de colete?

Pelada.

Xampu, sabão, um balde de água do mar, toalha, a garrafa da colônia de algas para tirar o sal que sobrar. Mudou tudo. Foi uma boa comemoração para as 1,5 mil milhas percorridas.

Fizemos um terço da viagem!

→ Sáb., 11 de set. de 2021

ESSE TEMPO TODO EU ACHAVA QUE ERA PRA IR PRA ILHA
LA PALMA E NÃO PRA CAPITAL DA GRAN CANÁRIA
Bem, foi resolvido. Tô indo pro sul...
Mais um triângulo ridículo pra conta
Devo chegar amanhã à noite ou 2ª cedo
Espero que estejam bem!!!!

De noite?
EU NÃO ACREDITO QUE VC COLOCOU A ILHA ERRADA!
Eu até avisei que vc ia virar em breve, e vc não virou
Acontece
Nem foi uma volta tão grande, e vc pega um vento de través
que faz o barco ficar bem estável

Meu, todos avisaram que eu tava mto ao norte.
Você disse que eu ia virar e não entendi pq
Pra mim tava na cara que a ilha escrito LA PALMA em letras
gigantes na carta era a FAMOSA Las Palmas
Queria ter lido palavras suas mais cedo rs
Teria poupado raiva, mtos prantos e msgs mal-educadas pra
minha mãe KKK
(Sua msg das 20:50 chegou 22:25)

11.09.21, SÁBADO, PERTO DA ILHA SELVAGEM PEQUENA

DESCOBERTA DO DIA: faz três dias que estamos indo para o lugar errado. Em minha defesa, lembro que as ilhas Canárias não estavam nos meus planos até o dia da partida, por mais que isso não justifique ter partido sem estudar o destino.

Mais tarde, eu descobriria que a capital da Gran Canária se chama Las Palmas, e que La Palma é a abreviação de Santa Cruz de La Palma. Fiquei desolada com a descoberta, que me fez perceber que fiz pelo menos quarenta milhas à toa e perdi o vento bom me afastando do ponto final.

Depois de gritos, choros e xingamentos a pessoas que não têm nada a ver com minha estupidez, aceito a mudança brusca de rumo, a perda de tempo e energia, e posso comemorar o fato de que, apesar de tudo, a Las Palmas certa ainda está mais perto do que a La Palma errada. E descubro pelo rádio que em La Palma tem um megavulcão em erupção e que a navegação ao redor da ilha está interditada.

Tenho 330 milhas pela frente. "Não importa de quem foi o erro. Importa como você vai consertar o erro", escreve minha irmã Nina.

12.09.21, DOMINGO, APROXIMAÇÃO À GRAN CANÁRIA

OITO DIAS DEPOIS da última luz da cidade de Lisboa, muita água, muito sol, muita saudade ao redor. Falta de rostos queridos. Falta da suculência das frutas frescas. Falta de um fuso horário para seguir. De pontos de fuga. As ideias fixas foram por água abaixo. Tudo indica que é hoje o dia da chegada. Vejo cada vez mais aves ao redor. Uma garrafa de coca-cola boiando no mar, um tonel de óleo abandonado, navios cargueiros que voltam a me deixar alerta. Essa sem dúvida foi a noite em que menos dormi, ordenhando o vento ao máximo para a chegada. No verso das pálpebras, assisto a um filminho dos dias que passaram.

As milhas finais sempre sofrem o fenômeno geográfico do "esticamento". Quanto mais próximos estamos da terra, mais compridas as milhas ficam.

Tenho a impressão de que nada mudou, de que tudo é normal, de que a vida será como sempre foi: chegar num porto desconhecido, avisar à família, à Nanda e ao Henrique que estou bem, procurar o mercado, as lojas de coisas de barco, esfregar as roupas sujas no piso do pontão, resolver os pepinos acumulados na internet, enviar fotos para os patrocinadores e preparar a próxima partida.

Eu imaginava ter risquinhos à vista, uma linha espessa entre o céu e o mar, mas, por trás da fumaça das nuvens, três enormes pontas negras afloram na linha do horizonte.

A terra, tão desejada, surge outra vez.

Minha mãe na praia do Jurumirim, em Paraty, comigo e com minha irmã gêmea na barriga, em 1997. Ela não sabia que 24 anos depois estaria nessa mesma baía para aguardar minha chegada de uma outra travessia. Ao fundo, em destaque, o Paratii, barco do meu pai.

Recebendo o papai na chegada da Regata do Descobrimento, em Salvador, em 2000. A Nina ainda era um bebê.

Três chapéus brancos, três irmãs: construíamos castelos na areia antes de mais uma partida do papai para as águas do sul, dessa vez no Paratii 2.

Na Noruega, no início da minha primeira navegação com a Sardinha. A saudade e o medo eram companheiros permanentes.

Traçado do caminho percorrido no porto de Thyborøn, na Dinamarca, em 2020.

Aprendendo a navegar por ondas grandes na saída do canal de Thyborøn. Eu me lembrava da frase da professora Françoise Coulon, que dizia que a missão do arquiteto é transformar inconvenientes em vantagens. Aproveitei o mau tempo saindo todos os dias para aprender a navegar em mar ruim.

Colocando a Sardinha de volta na água durante a preparação para a viagem em Lorient.

Reparação no alto do mastro em Lisboa, 2021. Lá embaixo, o responsável pela gravação do som do documentário me esperava.

Passagem pela Torre de Belém, em Lisboa, prestes a completar a primeira escala da viagem desde a França.

Antes de cada microssono, eu olhava para o teto e lembrava que não estava só.

Comemorava as pequenas conquistas abrindo uma garrafa de água com gás. As embalagens vazias faziam parte da paisagem do barco.

Os relatos da navegação solitária de Ellen MacArthur me faziam companhia. Pelos esforços assimétricos, um dos meus braços ficou mais forte que o outro.

À esquerda, uma macarronada de cabos se formava no cockpit cada vez que eu descia a vela balão. À direita, preparativos para a chegada nas ilhas Canárias. Eu precisava me transformar em muitas para escrever, filmar, fotografar, navegar e não me queimar com o sol.

Os peixes-voadores caíam no convés durante a noite e secavam debaixo do sol. Esse foi o único que comi na viagem.

Uma fruta fresca no meio do mar é quase um milagre. Era difícil mantê-las protegidas com o balanço do barco e o calor. Muitas apodreciam ou mofavam ainda verdes.

Pus biquíni para aproveitar a chuva, sem saber que era o início de uma tempestade. Seria épico se não fosse ridículo.

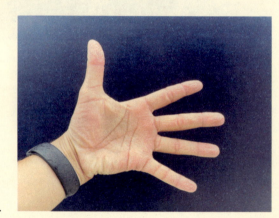

As mãos ficavam molhadas por tanto tempo que formavam sulcos.

As nuvens cobriam o sol, e a noite entraria sem que eu percebesse. Nessa nuvem eu ficaria pre até a manhã seguinte.

As mãos mudavam de textura com o puxar dos cabos e o correr dos dias.

Por horas achei que tivesse me perdido no meio do oceano, mas Cabo Verde estava a poucos metros de distância, escondido em meio a nuvens espessas.

Bruno, meu amigo de Cabo Verde, ajudando a preparar a Sardinha para a última perna da viagem.

Aprendi que em Cabo Verde é tão difícil encontrar peças que os moradores aprendem a construir suas próprias com o que têm disponível.

Álvaro, Augusta e Thiago, que me acolheram em Lisboa como parte da família.

[acima, à esq.] O amigo Patrick vem conhecer o barco.

[acima, à dir.] Luciana e Benjamim conhecem a Sardinha.

[à dir.] Após 5 mil milhas participando da viagem à distância, minha mãe e a Nanda finalmente conhecem a Sardinha, no Recife.

Jakob e Primoz, vizinhos do porto de Las Palmas.

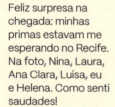

Feliz surpresa na chegada: minhas primas estavam me esperando no Recife. Na foto, Nina, Laura, Ana Clara, Luisa, eu e Helena. Como senti saudades!

Travessia solitár[ia] mas nunca sozi[nha] no casco do bar[co] cada sardinha ti[nha] o nome de uma pessoa que me ajudou a tornar [a] viagem possíve[l].

Passeio com o Jakob nas bordas do vulcão da Gran Canária. Eu ficava impressionada com as flores que cresciam de uma terra improvável.

Ondas antigas encontram a terra pela primeira vez na ilha de São Vicente, em Cabo Verde. A praia é um berçário de tartarugas marinhas.

Antes da partida de Las Palmas, Jakob tira uma foto. A genoa já estava prestes a ser içada na proa da Sardinha.

Preparada para a partida de Lorient. A amiga Aziliz registra a partida.

Antes da partida de Cabo Verde. Dessa vez com os braços cobertos, preparados para o sol.

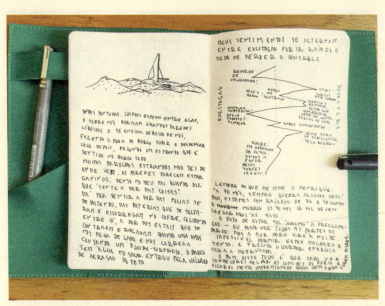

Colocar as aflições no diário ajudava a tomar recuo do contexto e acalmar os pensamentos. Nesse dia, estava mesmo muito impressionada com as cordilheiras líquidas que se formavam ao nosso redor.

Primeira fotografia da chegada ao Brasil, feita pela minha mãe. Chegada noturna, sem luzes de navegação, sem antena do rádio, sem piloto automático. Estava cansada, mas feliz com a certeza de que em instantes estaria a poucos metros das pessoas que amo.

Não podia imaginar que toda a minha família viria ao meu encontro. Entendo por que minha mãe se surpreendeu com o tamanho do barco.

CANÁRIAS

13.09.21, SEGUNDA, LAS PALMAS

QUERENDO OU NÃO, passar nove dias sem internet, sem notícias, sem ninguém, significa passar nove dias com bombas se acumulando nas caixas de e-mail. Bombas do tipo: "Vamos proceder com o seu jubilamento caso essa mensagem não seja respondida em cinco dias", "A sua renovação de visto foi recusada", "Aqui é o seu gerente, por favor retorne a ligação com urgência", "mulheeeer cadê vocêêêêê vai ser minha formatura na 6ª que veeeeemmm", "Aguardamos o envio da convenção de estágio assinada", "Aqui é a Sandra, da reportagem, vou entrar na reunião agora para fechar a pauta e preciso que você me diga sim ou não sobre a exclusiva", "Encaminho aqui a última versão revisada do livro, podemos mandar para a gráfica?", "Por favor, me manda os vídeos que gravou no mar até amanhã", "Minha mãe te viu na TV da padaria", "Cientistas afirmam que a erupção do vulcão nas ilhas Canárias pode gerar maremoto no Brasil", spams, pedidos, fotos de gatinho, "eu amo você, minha querida, mande notícias assim que chegar", "Tô vendo no seu mapinha que você tá pertinho", "Chegou? Chegou? Chegoooouuuu?".

O resto do mundo não para só porque a gente se isolou dele.

Sendo assim, enquanto todos pensam que estou "descansando" depois da navegação mais longa que já fiz, estou fazendo pela terceira vez o pedido de renovação do *titre de séjour*, o visto para viver na França, procurando uma alternativa criativa e inovadora para não precisar voar até o país só para tirar uma foto 3x4 num "guichê autorizado" do metrô, ligando para o presidente da startup do aplicativo de fotos digitais para ter certeza de que ela existe e funciona, gravando os áudios de divulgação dos livros, pedindo envergonhada para a prima Tete generosamente mandar de novo o comprovante de residência, fazendo a matrícula anual no site da faculdade, pedindo para o professor assinar os termos do estágio, que enviarei fora do prazo porque não sabia que tinha data limite para isso, pagando a segunda parcela do suporte do leme de vento, ligando para dois despachantes portugueses para saber o que fazer com a peça de reposição do piloto que está até hoje bloqueada na alfândega de Lisboa, fazendo reuniões de possíveis empregos para quando a viagem acabar — afinal, terei que viver de alguma coisa, e a Sardinha não vai comprar o pão dela sozinha.

Tento ligar para todas as pessoas que me pediram. A chegada parece mais cansativa do que a navegação.

17.09.21, SEXTA, LAS PALMAS

A VOLTA À TERRA. A volta a outro começo. A sensação de chegar numa escola nova. Caminho pelo píer segurando o sorriso, como se fosse uma placa:

Procura-se conversa fluida

Procuram-se histórias para trocar

Procura-se um mísero amigo neste maldito lugar

Um encontro puxa outro, que puxa outro, que puxa mais um, até esse porto virar um novo destino para onde voltar.

Não consegui te escrever nos últimos dias. Esta semana me instalei definitivamente na mesa perto da tomada do Sailor's Bar, o único lugar onde consigo acessar a internet. Os garçons já conhecem meus horários. Um suco de laranja atrás do outro e vou resolvendo os problemas quilométricos um por um, fazendo as chamadas enquanto tento disfarçar as músicas "Please Don't Stop the Music" e "Baila Conmigo" ao fundo. *It's getting late*, e uns senhores me encaram com sorrisos largos, me oferecendo drinques como se houvesse alguma chance de eu querer papo com eles.

Fiz novos conhecidos, como Captain Orca, um sueco do veleiro *Cordelia* que foi atacado por orcas ao largo de Portugal, e ele me apresentou aos meus vizinhos: Primoz, um eslovaco de uns quarenta anos — e pique de vinte — que nunca tinha morado num barco até comprar esse veleiro francês de 1905 (116 anos!), que está reformando há meses; e Jakob, um sueco de 28 anos que comprou esse 35 pés pela internet e aprendeu a velejar trazendo o barco de Portugal até aqui. Também conheci Anders, do veleiro *Malala*, e descobrimos que ele falou com meu pai na Antártica, nos anos 1990, quando ele fazia a volta ao mundo. Anos mais tarde, Anders se tornaria o primeiro sueco a dar a volta ao mundo sem escalas, levando o livro da viagem do Paratizinho a bordo. E encontrei Emma, sua namorada, que fez, em solitário, um percurso em forma de 8 no Atlântico, passando por Tristan da Cunha e subindo direto até a Escócia.

Esse porto faz algumas loucuras parecerem absolutamente normais.

No mundo inteiro estão falando do vulcão em erupção de Santa Cruz de La Palma, menos aqui. As pessoas não parecem surpresas.

No fim de semana, alugo o carro do vizinho louco que mora aqui há quarenta anos, mas só fala alemão. Não sei como ele faz para se comunicar, mas, só por isso, já tem toda a minha admiração. Ele empresta o próprio carro a completos desconhecidos da marina por vinte euros no primeiro dia e quinze no segundo — e fez dois por 25 euros para nós, já que *"Du bist jung und hast kein Geld"* ("Você é jovem e não tem dinheiro"). Vou com Jakob fazer turismo.

Está quente pacas. Jakob é incrivelmente ágil e salta as pedras do Roque Nublo com facilidade, fazendo com que eu me sinta uma pessoa de oitenta anos que examina bem o solo antes de pisar e desconfia dos próprios joelhos. Ele tem pernas tão finas que parece difícil acreditar que sejam tão fortes e não quebrem. O corpo humano é cheio de mistérios.

Dividimos o sanduíche "estilo sueco" dele — desses que têm uma refeição inteira dentro: abacate, pimentão, salada, queijo, milho e, se duvidar, a gente acha até arroz, feijão e brócolis.

Esperávamos ver neve, mas constatamos que o Pico de las Nieves poderia ser rebatizado de Pico de las Névoas, porque tudo que vemos são nuvens no ponto mais alto da ilha. É divertido estar acompanhada. A gente pode comentar sobre os lugares, as coisas, as pessoas. E já tive tempo de introspecção o suficiente nessas últimas milhas.

Partimos rumo ao extremo sul para andar pelas dunas de areia como se caminhássemos nas ondas do mar.

Essas relações de porto, esses laços flutuantes, esses nós fáceis de fazer e de desatar são como flores num vaso. Decoram a mesa da sala, mudam a paisagem sem transformar o lugar. Nos tocam sem nos tocar, preenchem a solidão, conversam com nosso silêncio. Como as flores num vaso, as relações de porto murcham.

20.09.21, SEGUNDA, LAS PALMAS

Hey, Jak. Good morning! Tell me when
we can check the AIS?

Hey, come over whenever.
Does Madam want some pancakes?

Coming.

PARAMOS PARA TOMAR CAFÉ da manhã numa cidade charmosa chamada Agaete. Todas as casas eram brancas com portas azuis. De lá, fomos para as piscinas naturais. Queria muito que a água fosse doce, mas a palavra "piscina" enganava: eram uns tanques construídos na beira do mar, preenchidos pela maré. Não conseguimos disfarçar a frustração pelo fato de que, ao contrário da foto, que mostrava um lugar vazio, naquele fim de semana de sol havia centenas de pessoas.

Fizemos uma pequena trilha e encontramos uma praia de areia vulcânica com fortes correntes, ondas e avisos de perigo. Talvez por isso, não tinha mais ninguém. Foi bem agradável e amedrontador.

Tiro o maiô. Como é bom sentir o mar direto na pele, sem anteparas, sem interferências, sem cordinhas ou elásticos apertando o corpo.

Nosso passeio poderia ter sido romântico, se tivesse algum romance.

Falando nisso, meu namorado está se tornando uma espécie de crença. Não o vejo, não tenho provas concretas de que irei revê-lo, mas sigo acreditando que o reencontrarei um dia, e continuo minha vida como se, de algum modo, ele estivesse por perto. É uma situação bem animadora, como você pode imaginar.

Visitar um lugar com alguém é bem diferente de visitar o mesmo lugar sozinha. Em boa companhia, não é preciso que o lugar seja bonito para a visita ser feliz. O entorno é um pretexto.

Seguimos para o vulcão Bandama. Fico impressionada com as flores muito particulares e as raízes que brotam desse solo tão seco e improvável. A terra é grossa e os pés escorregam das pisadas, os bichos voam ou rastejam no chão. Mesmo assim, em segredo, as raízes das plantas emergem e florescem na secura do vulcão. Só dá para ver se chegar perto.

22.09.2021, QUARTA, LAS PALMAS

MERGULHO E PERCORRO O BARCO com a mão. Esbarro nos peixes. Vasculho os vincos das obras vivas. Distraio a respiração para ir um pouco mais para o fundo quando falta ar. Subo até o espelho da superfície. Enxáguo a roupa de borracha e reclamo dos parafusos soltos no pontão. Risco mais um item da lista dessa manhã de quarta-feira, que demorei anos para poder chamar de "outra quarta qualquer".

Aviso a todos que vou embora amanhã, mesmo planejando sair daqui a dois dias. Comunicar uma falsa partida é a melhor fórmula que encontrei para não ser procurada loucamente na véspera e conseguir ter algum descanso. No tempo estimado de navegação, acrescento uns dias a mais.

O AIS ainda está estranho, e preciso substituir a chave allen de 3,5 milímetros que caiu no mar enquanto eu me pendurava no suporte do leme de vento.

Vou com Jakob até o mercado para comprar frutas e diesel (bela combinação!). Abasteço os reservatórios de água e entro no modo "pronta para sair".

Jakob e Primoz fazem um jantar de despedida. Sinto, mais uma vez, aquele misto de alegria por ter feito novos vínculos e pena por deixá-los tão cedo. Falo com minha avó e meus pais. Me despeço de Anders e Emma.

"Voltaremos a nos encontrar", Jakob me pergunta, "algum dia, em algum outro porto?"

Afiamos facas no pontão de madeira.

Algumas horas depois, estou cortando laranjas com os olhos já debruçados nas cartas da partida. Uma voz dentro da minha cabeça grita: claro que nos reveremos, sua idiota. Eu vou encontrá-lo de novo e de novo, vestido de perigo e tentação em cada porto onde eu acostar, faminta por afeto. Até aprender a me alimentar sozinha.

23.09.21, QUINTA, AO SUL DE GRAND CANÁRIA

ONTEM À NOITE, CONTEI AO Guillaume Deux que, apesar do que sinto por ele, não estou a fim de namorar uma tela de celular. Acho que ele entendeu o recado, porque, às sete da manhã de hoje, ele já tinha conseguido uma semana de férias e comprado a passagem para me encontrar em Cabo Verde.

Faço um último teste no AIS só para garantir e... pimba! Descubro que o cabo estava partido bem na base da antena. Tenho certeza de que o cabo se partiu em um dos incontáveis vaivéns que fiz entre o suporte do leme e o barco, tentando endireitar a pá. Consigo consertá-lo com a ajuda de um vizinho alemão, Toby, que por acaso é engenheiro elétrico, e encontro uma peça substituta numa loja daqui.

Me despeço dos amigos do porto com muita emoção e saio costeando o quebra-mar e a borda-d'água da cidade por onde cansei de correr e andar de miniskate. Revejo alguns dos navios que encontrei ao entrar e contorno o perímetro da ilha, aproveitando a aceleração dos ventos na curva do relevo.

Enquanto ainda há sinal, ligo para Nina, Fabricio, Carol, Nanda e vovó, com quem passo mais de uma hora falando sobre as intrigas das amigas dela da igreja, as lembranças da juventude na Bahia, quando o chuveiro era um balde suspenso cheio de furinhos, e ela insiste para eu ligar pelo menos uma vez por dia.

"Mas, vovó, não tem sinal de celular longe da terra."

"Eu vou ficar esperando a sua ligação a hora que for. Peça para algum navio te ajudar a ligar para sua avó para contar como está a viagem. Não se esqueça de passar protetor solar para não ficar com a pele com pintinhas de ovinho de codorna que nem a minha. E põe um casaco, aqui já está gelado. Daqui a pouco o frio chega aí."

Partir é um gesto doloroso. Corto as raízes novas com essa terra. Renuncio às relações urgentes e tentadoras. Forço meus pés a desapegar do chão. Afinal, é preciso acomodar as raízes num vaso, fazer as pazes com a solitude, retornar ao refúgio flutuante e deixar o coração selvagem dar o sinal da largada.

25.09.21, SÁBADO, AO SUL DE LA GOMERA

UMA REVOADA DE PEIXES-VOADORES. Uma tartaruga perfurando a superfície. As ondas dando empurrões no espelho de popa como se dissessem: "Vai!". Sinto a mente confusa e contrariada. Ainda penso em datas, horários, e-mails, entregas, cronogramas que não fazem sentido aqui.

Ontem não tive vontade de escrever. Retomo a travessia como se retomasse o caminho para o núcleo de mim mesma — aquilo que sobra quando não há mais gente nem terra ao redor.

Quando desenhei a rota da viagem, as escalas eram destinos abstratos. Imaginei o que teriam de diferente do lugar de onde vim, mas não previ o que teriam em comum. Ouvi falar de vulcões, de praias cheias de ovos de tartaruga, de dunas, mas me dou conta de que nos lugares remotos e dispersos no fundo da carta também haverá

vias expressas,

prateleiras de kiwis recém-chegados da Nova Zelândia,

aeroportos internacionais,

plataformas de extração de petróleo,

5G,

clubes privados de golfe,

vendedores de haxixe que fingem vender óculos de sol,

tomates fora da estação,

zonas proibidas para drones,

patinetes elétricos,

corredores com tênis laranja-neon e fones bluetooth,

casais que ignoram o risco de vida que correm ao se abraçarem, de olhos fechados, no quebra-mar.

Demoro a me acostumar com a ideia de que os combinados terrestres que regeram a vida desde sempre são apenas combinados terrestres. E eles ainda estarão lá no dia em que eu retornar. "Liberdade é assumir a responsabilidade pelas nossas escolhas", dizia Fepa, meu antigo professor de filosofia, tentando fazer Sartre entrar na nossa cabeça no 2º ano do ensino médio. Eu nem sabia tudo que "responsabilidade" poderia querer dizer.

Já faz oito anos.

Oito. Anos.

Eu cresci e não vi.

São 360 rumos possíveis. Posso ir daqui para qualquer lugar da Terra onde chega o mar. E se eu andar um metro para fora desse barco, morro. Minha vida está condensada numa célula flutuante. Como pode tanta liberdade e tanta renúncia caberem num espaço tão pequeno?

Hoje é aniversário do meu pai. Espero que ele tenha recebido os parabéns. Chegou o dia em que é ele quem recebe o "feliz aniversário" picotado que chega do mar; enfim posso retribuir pelas vezes em que as suas pequenas notícias marinhas me faziam sonhar.

A Europa ficou para trás. A África, à nossa esquerda. O mar abre todos os caminhos que ligam as pessoas do mundo.

26.09.21, DOMINGO, AO SUL DE HIERRO

NÃO OUÇO MINHA VOZ há três dias. Geralmente falo sozinha, mas, neste momento, não sinto necessidade de dizer nada. Vejo um cargueiro por dia, às vezes dois. O vento aumenta, e o impacto na estrutura da Sardinha também. Não vou reclamar. Quanto mais vento, mais cedo a gente chega. Asa de pombo, com o pau do balão na genoa média (a genoa grande parecia potente e intolerante demais, e eu tinha a impressão de que ia estourar o pau). Deixo as velas bem abertas, cada uma para um lado, para o vento nos empurrar. Fico enjoada de manhã e tenho dificuldade para pegar no sono. Me sinto um pouco idiota por continuar dormindo períodos tão curtos quando não há ninguém ao redor. Dormi uma hora e foi bom. Mas prefiro não contar com o acaso. E não perder a oportunidade de treinar para as navegações do futuro, quando os sonos precisarão ser ainda mais controlados.

Me obrigo a escrever, sobretudo quando não tenho vontade. Acho que este diário será ilegível. Pulo assuntos importantes, confundo datas, esqueço o que aconteceu. Tinha esperanças de publicar este relato, mas não tenho muita esperança de que sirva para um livro.

Levanto muitas vezes assustada com barulhos violentos no mastro. As ondas são grandes e cruzadas. Damos muitos *jibes* loucos. Me deixo levar pelas vagas, porque quando tento manter o rumo é um pesadelo. Elas nos pegam de lado e põem a gente de cara para o vento e para o mar. Deixo o barco na mão do leme de vento e andamos fazendo zigue-zagues nos surfes. Fico apenas supervisionando o sistema e o deixo livre para agir como quiser.

O aniversário do meu pai me lembrou de quantas vezes eu soprei velinhas do bolo pedindo para um dia navegar sozinha. Admito que, na minha cabeça, a cena era um pouco mais grandiosa. Sinto que a Sardinha não foi concebida para fazer o que estamos fazendo. Mas talvez essa seja a maior graça da viagem: fazer grandes distâncias com o mínimo necessário, ir longe com o que dá (quase como fazer um rali na cordilheira dos Andes com um Renault Twingo). E, quanto mais a gente avança, mais longe sinto que dá para ir.

De noite, a imaginação ocupa o escuro do céu e do mar. Os barulhos se amplificam, o medo se retroalimenta de outros medos. As ondas cresceram. O vento aumentou. Não consigo pegar no sono, imaginando o que pode acontecer enquanto durmo. Visualizo as piores cenas que poderia ver ao acordar: um leme partido, um mastro caído, o cockpit arrancado, as baterias queimadas, o chão cheio d'água, cheio d'água, cheio d'água. Pesadelo e vida real se confundem. É difícil dormir, é difícil escapar do sono.

A pá aérea do leme de vento quebra. O barco mexe bastante, e aproveito o intervalo entre duas ondas para me debruçar sobre o sistema e tirar os pedaços da pá. Aciono o piloto automático elétrico. Acho que tinha vento demais para o ajuste que fiz no leme. Fico frustrada, porque confio mais no sistema mecânico do que no elétrico, mas me digo: "Quanto mais problemas eu tiver, quanto mais erros eu fizer agora, mais chances tenho de aprender". Escuto os estalados do casco, os ruídos que não sei de onde vêm e por que vêm... E se o convés delaminar? Quando as coisas vão bem, a imaginação é aliada e motivadora. Quando me sinto em perigo, a imaginação é minha primeira inimiga. Henrique repete: "vai ser tenso", "fica amarrada", "pouco pano".

Henrique, tenso quanto? Me diz a velocidade e direção do vento e das ondas?

Só piora
Não para!

Mas piora quanto???

Parece que ele não recebe o que eu envio.

Escrevo aqui na tentativa de me manter acordada e de despistar o sono enquanto fico atenta aos sons no mastro e aos sinais de aumento do vento. Saio para tirar o pau do balão. Troco a genoa grande pela média. Ponho o segundo rizo. O piloto elétrico para de responder. Ligo o piloto reserva. Talvez tenha água dentro dele. Amanhã, com a luz do sol, vou desmontar o aparelho. Agora vou voltar a dormir, encharcada por ter andado de joelhos no convés me agarrando a tudo para não escorregar. Meu próximo barco terá enrolador de genoa, prometo. Torço para as horas passarem rápido e a noite acabar.

→ Dom., 26 de set. de 2021

Bom dia!
Tudo sob controle?

Sim!
Durante a noite consegui achar uma disposição
pra parar de jibar toda hora
O leme fica dando zigue-zague, mas paciência
Prefiro isso do que dar um jibe atrás do outro

Mas vc tá voando baixo!
Acostumou a ir rápido?
E se mantém segura, amarrada e protegida
A cabeça tá boa?

Como assim voando baixo???
Quando vc disse isso a primeira vez
eu achei que fosse uma ofensa
Tipo "poucas ambições" KKKK
Tô sempre no cockpit, mas sem colete
Vou pôr agora que você falou

Pronto

De colete e presa ao barco

Sim, é bom alguém que se preocupa de fato comigo

e não tá só pedindo notícias pra fazer stories KKKK

(Tô exagerando, mas tem um pouco disso)

Barco não voa. Voar baixo é usado pra carro e barco,
quando tá tão rápido que parece que vai voar. I. E.
Muito rápido

Dorme sem dó

Acho que essa zona é bem vazia.

100% preocupado com vc

Tem algum barco perto?

AIS funcionando bem?

Aaaahhh então pq não "voar alto?!"

Sem dó quer dizer 8 horas? KKKK bem que podia

Não tem barco por perto

São bem raros +– 1 ou 2 vezes por dia,

e passam a 3–4 milhas de distância

(fazem a rota mais curta entre Canárias e CV)

E como eu tava meio pra fora da rota,

com os zigue-zagues, eu tava sempre longe deles

O AIS tá beeeem melhor

Antes só apareciam no plotter

barcos visíveis "a olho nu",

e agora aparecem barcos

que eu nem enxergo.

Que bom que resolvemos isso :)

Aqui pensando no nosso futuro barco
Já imaginei tudo KKKK
O vento vai subir mto a noite toda?
Tá quanto pras próximas horas??
Acho que entrou uma minifrente de
repente e o vento subiu mtooo

É 24, 25 constante
Vai vir ventania
E só piora
Hj fica entre 20–25, mas amanhã sobe mto o vento
Velas bem rizadas
Muito bem amarrada ao barco
Vc pega rajadas de 35–42 a partir de amanhã de noite
e dura até sexta de manhã
Esquece asa de pombo
Não estava aparecendo esse vento todo ontem de manhã
E nem brinca de ir pra frente por qlqr coisinha
Pode considerar tempo igual a tempestade indo pra Holanda
O foco é a sua segurança e o barco estável
Confirma que vc recebeu e tá com pouco pano, ok?
Quando der avisa que leu

Eu tô com o pau de spi,
tô com medo de ir lá na proa,

no escuro e com essas rajadas, pra tirar agora
Mas se for piorar depois, melhor eu tirar logo

Repetindo: vento só piora
Não sei se os medidores de vento
na costa da África são confiáveis
Se prepara pra 60 horas sem pausa de vento forte

MAS QUE HORAS PARA UM POUCO O VENTO
ENTRE HOJE E AMANHÃ?????
eu preciso tirar o pau mas agora tem MTAAAAA rajada

NÃO PARA!
SÓ PIORA!
TIRA LOGO!!!!
Quando vc se sentir segura, tira!
E fica com pouco pano!

Pronto
Tirei

Se sentiu segura?

...

Que bom!
Recomendações: de noite, pouco pano, descanso e paciência
De dia: faz como quiser, o barco aguenta.

→ Seg., 27 de set. de 2021

Minha maior preocupação no
momento é o que eu faço com
o peixe-voador que pulou no cockpit
Eu como??
Nem sei como fazer peixe...
nem se peixe-voador é comestível

"The meat of the Flying Fish is firm,
tender and white in color, providing a good
tasting meat that can be baked, fried, grilled,
steamed, or served in stews. It is best to eat Flying Fish
soon after they have been caught"[1]
Vc sabe limpar peixe?
Se quiser arriscar, arranca cabeça, rabo,
abre no meio, tira o bucho e frita no óleo com sal
Cuidado com as espinhas

Comi!

---

1 "A carne do peixe-voador é firme, macia e branca, saborosa, e pode ser assa-
da, frita, grelhada ou cozida no vapor, ou ainda ensopada. É melhor comer o
peixe-voador logo após ser pescado."

Tava bom? Fritou bem?

Fritei! Eu não sei pescar (não tenho coragem
de matar um peixe), mas, caso eu não tenha escolha,
tem algum peixe que não pode comer??
Que é venenoso ou algo assim?

Poucos
Normalmente cheios de espinhos venenosos
O peixe-leão é o mais famoso
Peixe que parece peixe pode comer :)

A pá aérea do meu leme de vento
acabou de quebrar!!!! Do nada!!!
A madeira só quebrou na altura da junta
E nem tá com vento tãããão forte assim ainda :(((
Pelo menos eu vi quando aconteceu
e consegui pegar o pedaço quebrado!!!

Ixi!
Nunca mais comprar coisa usada

Esse leme de vento, vou te contar, viu...
Até agora deu mais problema que solução

Conte com ele quebrando no Atlântico
Ele quebrou 2x, vai quebrar 3

Nunca mais
A peça mais cara do barco que custou
mais do que o próprio barco KKKKK

Como vc tá?
Passou da metade!
Sobre o vento: de noite sobe 18%, indo pra 26
Senha com aliteração: sueco-sexy
(sexy tem de falar sécsi, pra aliterar o som de s
e o som de c, tipo música do Caetano)
Descansa de noite
Vou me deitar!

Tem MTO MAIS VENTO do que 26!!!
Agora deve ter 35
26 tinha hoje de manhã
MTA onda cruzada
A sensação de quando eu saio lá fora
é que vou sair voando KKKKKKK
senha: sueco-sécsi
Sdds do sueco
Não vou dizer que não me arrependo KKKKK
Ele até veio no meu barco me chamar pra jantar
várias vezes e eu disse "talvez depois"

Depois ele disse que "ficou me esperando" KKKKK
Bobeei
Fiquei me sentindo culpada por causa
do meu "namorado por celular" KKK
Quando tinha um boy de vdd de carne e osso
dando a MAIOR sopa da paróquia
Agora tô aqui no vendaval chacoalhando
de um lado pro outro arrependida
de não ter ido pegar o vizinho gato
que me esperava no barco dele KKKKKK
Agora (1h20) acho que o vento deu uma acalmada
Que noite mais chaaaaataaaa
Td batendo caindo piscando molhando
mexendo fazendo mto barulho
Boa noite!

28.09.21, TERÇA, ENTRE CANÁRIAS E CABO VERDE

COMO ENXAMES, OS PEIXES-VOADORES correm contra a corrente e pegam impulso na barriga da onda para saltar. Abrem as asas como borboletas e planam muitos metros ao nosso lado. A cada salto, parecem dizer: "Não é porque nasceste no mar que estás condenada a nadar". Como pode vir da terra um bicho que quer navegar?

Diminuo o pano mais um pouco e preparo o café da manhã.

Passamos da metade! Da metade dessa perna e do corpo todo da viagem!

Imaginei que esse momento seria mais festivo, mas estou apreensiva com a previsão. É difícil tomar decisões com essas notícias do futuro que chegam interpretadas por pessoas que me ajudam, mas que estão em terras muito distantes deste barco.

Me sinto entediada diante dessa linha reta sobre a qual avançamos há dias sem parar e sem sinal algum de que estou mais perto. Em terra, dizem que estou seguindo os passos do meu pai. Eu bem que gostaria de segui-los, porque muitas vezes me sinto à deriva nos meus planos. Seria mais prático ter pegadas para me orientar. Mas não nascemos no mesmo tempo, nem no mesmo contexto, nem no mesmo corpo. E o mar, sempre outro, sempre em movimento, nos obriga a criar perpetuamente novos caminhos.

É madrugada. O VHF estava havia dias em silêncio. Até que ouço sair do aparelho uma frase que me enche de esperança e alegria. Passo horas ruminando as mesmas palavras. Tão ordinárias. Tão definitivas: "Obrigado e até logo".

Cá estão os passos que eu sigo: os passos da minha língua.

29.09.21, QUARTA, ENTRE CANÁRIAS E CABO VERDE

O SOL ENFIM APARECE e ilumina as ondas e o convés. Pequenas lulas e peixes-voadores secos se espalham pelo barco. O motor do piloto elétrico parece ter queimado. Mais uma reparação a fazer em terra antes do trecho mais longo.

Tudo indica que essas são nossas últimas 24 horas antes de pôr os pés no porto do Mindelo. Avançamos rápido com vento a favor e asas abertas. As ondas criam colinas na água, e descemos as ladeiras como se estivéssemos em um tobogã. Um mês atrás, as mesmas ondas e o mesmo vento teriam me assustado muito. Mas as piores situações que encontramos até chegarmos aqui me asseguram de que damos conta. Finalmente, consigo encontrar mais prazer do que apreensão no mar. Estou mais feliz fazendo companhia para mim mesma. Acredito mais nas minhas pernas e mãos. Quando algo foge do controle, fico mais segura para controlar, pelo menos, as minhas emoções.

Uma barbatana dorsal azul persegue a Sardinha. Ela some e reaparece nas ondas. Já faz horas que tento identificar o que é. Não sei qual é a cara do dono, mas esse bicho é uma ótima motivação para eu continuar bem presa ao barco. Ponho a câmera na água para averiguar nosso perseguidor. A operação é malsucedida. A imagem mostra bolhas e o azul do mar, mas descubro que há outros peixes nos fazendo companhia. Eu ainda não tinha percebido que os cardumes voadores estavam fugindo de um grande marlim-azul.

30.09.21, QUINTA, APROXIMAÇÃO A CABO VERDE

ESTOU A DEZ MILHAS do porto e ainda não vejo sinal de terra. Meu pai dizia que eram montanhas altas, mas só vejo água ao redor. Errei o caminho? Eu já deveria estar no meio das ilhas cabo-verdianas, mas elas não aparecem.

Tenho certeza de que o GPS me enganou. A tela exibe lugares que não existem. Me mostra cheios onde há vazios, me mostra terra onde só vejo mar. Será que as cartas estão desatualizadas? Foram plotadas em projeções diferentes? Me confundi em alguma operação? É o fim do mundo? Tem algo que eu possa fazer?

Conto as garrafas de água, os pacotes de almoço, os galões de diesel. Temos uma semana de provisões. O caminho até o Brasil deve durar vinte dias. Se a ilha de São Vicente não aparecer, é melhor eu aprender logo a pescar e torcer para chover bastante. Eu não seria a primeira navegadora a ter de gerir a escassez. Nem a última. Com um falso otimismo, digo a mim mesma que daremos conta.

Se Cabo Verde tiver mesmo mudado de endereço, esqueceram de avisar aos pássaros. Os pequenos voadores vêm investigar o barco. Com essas asas curtas, eles não devem estar longe de casa.

Quando começa a escurecer, enxergo a luz de um farol. Não vejo bem. Aparentemente, a pouca visibilidade tem a ver com a poeira do vulcão em erupção em Santa Cruz de La Palma. Chamo insistentemente o porto no VHF, sem resposta. Minha mãe diz que tem gente me esperando. Fico nervosa. Vão querer visitar o barco? Está bem bagunçado, e eu não tenho energia para longas conversas ou para dar entrevista à TV local. O vento deve acelerar nesse corredor entre as ilhas. Começo a diminuir a vela. As ondas se chocam contra o convés.

Chamo a marina do Mindelo. Ninguém responde.

Um bote se aproxima. As pessoas a bordo gritam frases que não entendo:

"O QUÊÊÊÊ?"

"PERDÃÃÃÃOO"

"Viemos buscá-la!"

"COOOMO?"

"Parabéns pela etapa concluída!"

Não entendo se querem subir, me rebocar, ou de que maneira acham que vão me "buscar". Não sei se são pescadores, agentes da alfândega, oficiais da marinha cabo-verdiana, jornalistas ou seguidores que acompanham a viagem pela internet.

"Estou com tua mãe no telefone!"

Está escuro, com muito vento, mar revolto, eu não enxergo o porto, a marina me deixou no vácuo no VHF e estou sendo perseguida por completos estranhos. É lógico que estou com saudades da minha família, mas, neste exato momento, falar com a minha mãe não é uma urgência. E etapa nenhuma vai ser concluída até a Sardinha estar parada em segurança, e eu, com os pés no chão.

Muitas vozes falam comigo, mas não sei qual delas ouvir. O bote me acompanha até a marina e me aponta uma vaga em cima da hora. Fico nervosa com as pessoas ao redor me olhando e tirando fotos. Tem tanta gente no cais para me ajudar que não sei com qual delas contar. Uma rajada pega o casco de lado. A marina não tem quebra-mar, e uma onda empurra a Sardinha. Me atrapalho na manobra, o casco bate no barco ao lado. O vizinho quer arrumar briga. Desculpa, moço, foi sem querer. "Amanhã a gente vê o estrago. Para dirigir barco tem que saber navegar, viu, mocinha?" Entendo, e sinto muito. Depois o senhor me ensina.

Agradeço a todas as pessoas que não enxergo. O moço que dirigia o bote se chama Bruno, e ele gentilmente me convida para jantar, me deixando num hotel que reservou para mim. Com tanta gente ao redor da Sardinha na marina, fico feliz de poder encontrar um pouco de solidão num quarto de hotel. No jantar, fico muito interessada na conversa, mas tenho dificuldade de manter os olhos abertos. Não me lembro se pedi sobremesa, nem se fui educada ao me despedir.

É difícil dormir. Minha família e meus amigos ligam para perguntar sobre a viagem. Ainda é cedo no Brasil. Cada pessoa próxima vem me dar parabéns e acaba demandando um pouco da minha escassa atenção. O celular traz muitos estímulos de uma vez — e alguns belos problemas para resolver. Durmo menos de quatro horas, rolando na cama como uma panqueca.

Depois de me acostumar à ideia de que "se eu dormir mais do que vinte minutos posso ser atropelada por um cargueiro e morrer", é difícil convencer a cabeça de que ela pode dormir horas seguidas em paz.

P.S.: Quando finalmente consigo falar com minha mãe, conto que, apesar de estar feliz com todo o conforto que me ofereceram, eu não precisava de tanto. O quarto é tão grande que dá para criar ovelhas nele.

CABO VERDE

01.10.21, SEXTA, MINDELO

AINDA ESTOU TONTA de sono quando o Bruno passa para me buscar. Vamos à Capitania dos Portos para dar entrada no país, depois à marina para a entrevista aos canais de TV, jornal e rádio. Pego algumas coisas para consertar:

- Pá do leme de vento
- Punho da genoa média
- Carrinhos do trilho da vela mestra
- Piloto automático elétrico
- Cunho

Mindelo é diferente do que imaginei. A água é rara por aqui. Dizem que, quando a chuva cai na terra, as crianças correm pelas ruas e abrem a boca olhando para o céu. Mas quase sempre a chuva que se aproxima da ilha cai no mar. Praticamente tudo que a gente come, conserta, constrói e descarta aqui chega de navio. Ganha-se pouco, paga-se muito por qualquer coisa. É preciso sempre contar com a organização do frete, o preço do frete e o tempo do frete entre a Europa e o arquipélago. A marina está no coração da cidade. Há música e exposições de pintura por todo lugar. Ao redor do turista, há sempre jovens simpáticos que esqueceram a carteira e pedem dinheiro para o comboio. Há famílias de muitas crianças criadas apenas por mulheres.

Os vizinhos da marina estranham que eu ande sozinha. Me sinto vigiada. Medida. Um homem vem até minha mesa e me oferece um drinque. Depois que recuso, ele volta ao seu lugar, onde quatro homens trocam risos de chacota e me examinam. Sobe pela minha espinha um medo que não sentia havia tempo: medo do desejo do outro.

Me sinto mais exposta agora do que me sentia em alto-mar.

Chego à terra sempre com a utopia de que poderei descansar na escala. Mas além de cuidar de e-mails, documentos e equipamentos, passo horas relendo os arquivos dos livros e revisando nomes de pessoas, a ortografia dos portos, a espessura dos traços.

Almoço com o Bruno no restaurante *Crazy Chicken*, que estranhamente tem muitas opções no menu, menos frango. Algumas pessoas na mesa ao lado me reconhecem. Esqueci de comentar que em todos os lugares em que ando, as pessoas ouviram falar da minha viagem. Fico sem graça e evito ainda mais ser vista perto do barco para não potencializar o reconhecimento e não diminuir minha já comprometida privacidade. Espero que isso não aconteça no Brasil.

Depois de ouvir nãos de todos os marceneiros da ilha sobre o reparo da pá do leme de vento, Joãozinho, amigo do Bruno, topa fazer uma cópia da peça durante suas horas vagas, usando os materiais que sobraram do barco que ele construiu na garagem.

Jantamos no restaurante de um sueco que veio para cá nas férias e nunca mais voltou para sua terra natal. Uma baratinha aparece na parede de pedras, e fazemos um minialvoroço para exterminá-la. Contamos à garçonete o ocorrido, e ela responde:

— Essa parede é a casa delas.

No dia seguinte, me encontro com Carol, diretora do documentário que faremos sobre a travessia. É extremamente aflitivo falar de um filme sobre uma viagem que ainda está acontecendo. E cujo final feliz não está garantido. Tenho que aceitar ser minha própria personagem, mas não tenho recuo sobre mim mesma, sobre o que vivo, faço e conto.

Esfregamos o convés para tirar o sal e a poeira de vulcão. Conversamos até a noite cair. Volto ao hotel no escuro. De noite, as ruas do Mindelo pertencem aos cachorros.

02.10.21, SÁBADO, MINDELO

ACORDO ANIMADA PARA MEU último "café de hotel". "Acordo" é exagero, já que não dormi. Está quente, e sinto falta dos barulhos, dos chacoalhamentos e do cheiro de protetor solar. Peço "todos os itens do cardápio, por favor", como se as frutas frescas e as comidas quentes e geladas fossem uma utopia. Enquanto espero, escrevo rascunhos de e-mails e abro mensagens. Aos poucos, vou me sentindo muito cansada, tonta. O chão parece líquido e inclinado. Vou para o quarto com uma enorme vontade de chorar. Choro. É como se eu abrisse as comportas da eclusa que já estava para transbordar depois de dias de chuva forte. Ligo para minha família e para Nanda. Ainda é cedo no Brasil. Nina me liga de volta e conversa comigo até eu me acalmar. "Eu não sei o que está acontecendo, só estou me sentindo muito exausta." Sigo a dica da Nanda e fico deitada de costas no chão com as pernas para cima, olhando o teto e respirando fundo até o Bruno chegar.

Vamos ao aeroporto buscar o Guillaume Deux. Acabamos nos perdendo e o encontramos no estacionamento dos navios cargueiros. Nos primeiros minutos, é como se eu tivesse me esquecido de como ele era. A forma do rosto, do corpo, as expressões, a voz, as reações. Depois de algumas horas, revisito suas maneiras, refaço a cartografia do seu continente.

Por dentro, estou tão feliz! Por fora, pareço uma minhoca sonolenta. No restaurante, até beber um copo de água é difícil e exaustivo. A salada permanece intocada — exceto por um cubinho de tomate e um grão de milho, para não dizer que não tentei. Levanto o garfo e me sinto cansada, como se tivesse levantado a mesa inteira. Me deito em duas cadeiras. Não tenho forças para ficar sentada.

Bruno sai à procura de um médico ou de um hospital aberto no domingo. Estou deitada no banco de trás do carro, e meu namorado, que passou a noite no aeroporto para me ver, está sentado no banco da frente, esticando a mãozinha para mim como se eu estivesse nos meus últimos dias.

Vamos ao único hospital aberto. Espero minha vez com todos os doentes do fim de semana da ilha. Antes de chegar, nossa maior preocupação era não estar com covid-19. Agora que chegamos, nossa maior preocupação é não pegar covid-19 aqui.

Depois de meia hora na fila de espera, saio correndo para um jardinzinho e vomito. Mais um item para a lista dos acontecimentos românticos do primeiro dia do nosso reencontro.

Faço uma bateria de exames que começam com o cotonete que vai quase até o cérebro, passando pela coleta de sangue e fechando com a coleta de urina num copinho de café enquanto tento segurar a bolsa de soro, o copo e meu corpo, tudo ao mesmo tempo. Fico de molho, tomando soro, e aos poucos consigo persuadir o simpático enfermeiro — com quem assisto a uma partida de futebol do Benfica pelo celular — a aumentar o fluxo para eu ser liberada mais rápido.

Infelizmente, o Benfica perdeu, mesmo jogando melhor.

Foi uma boa lição de vida.

Recebo os atestados, que dizem que:

1. Não estou com covid-19;
2. Minha imunidade está bem baixa;
3. Tenho "cansaço fácil".

Leo me avisou que eu corria sério risco de ter um *burnout*. Não consigo lembrar quando foi a última vez que estive sem estresse.

Um mês antes de deixar a França, eu conciliava a extensa preparação do barco com a pesquisa e a redação do meu segundo trabalho de conclusão de curso. O trabalho anterior tinha sido duro e solitário. Pierre, em Nantes, passava os fins de semana e as noites depois do expediente fazendo planos, maquetes e imagens no Photoshop, determinado a me ajudar a concluir o trabalho, mesmo que à distância. Em fevereiro, fiz a apresentação final do projeto. A banca trouxe algumas críticas e alguns elogios, e deixou o resultado como surpresa. No dia da entrega dos nossos diplomas, eu assistia à celebração com minha mãe, pelo celular. Era a conclusão de seis anos e meio de uma faculdade da qual várias vezes ameacei desistir. Em muitos momentos, a importância que minha mãe dava ao diploma era a principal razão para eu não abandonar o curso. Loira, minha gêmea, havia comprado flores, Nina fizera uma cartinha. Esperávamos, impacientes, todo o alfabeto ser chamado até começarmos a ouvir os nomes da letra T. As pessoas comemoravam e aplaudiam umas às outras. Comecei a ouvir as Taís, os Thomas, as Victorias, e, enfim os Xaviers. Meu nome não estava lá.

Digerir a reprovação e começar um novo projeto de conclusão de curso foi a maior prova de determinação que vivi até então. Tive que mentir para todas as minhas vontades imediatas e insistir que a graduação valeria a pena, que seria útil para meus projetos e que também me traria prazer. Afinal, por mais que eu me interessasse por arquitetura terrestre, não era a minha paixão. E quanto mais meu sonho marinho se tornava possível, mais difícil era me dedicar a um interesse de adolescente, que me exigia muito e não me estimulava mais.

Refiz os planos. Ao contrário do que havia previsto, eu não teria seis meses para me dedicar à preparação do barco. Precisava transportar a Sardinha entre os portos do Canal da Mancha e da Bretanha durante os feriados das aulas, em janelas de tempo curtas e nem sempre ideais. Passava os fins de semana em deslocamento e conciliava o estaleiro e as reuniões da faculdade nos dias úteis. As peças não chegavam, os fornecedores tratavam o barco com indiferença, eu ainda não tinha dinheiro para encomendar os serviços maiores e precisava criar uma estrutura jurídica e financeira para receber um possível patrocínio que não estava garantido. Tomei decisões ruins, fiquei doente algumas vezes, aprendi e me prometi que nas próximas viagens seria diferente.

O estresse e o cansaço dessa época me acompanhariam até essa travessia. As escalas são sempre curtas demais para todas as responsabilidades e solicitações. As mensagens chegam como enxurradas, sem nenhum filtro ou critério. Pessoas que nunca fizeram uma viagem assim me escrevem para dar conselhos e criticar minha rota. Muitos jornalistas se consideram mais importantes do que seus outros colegas. São insistentes. Pedem "só trinta minutinhos", sem se dar conta do desgaste mental envolvido em responder, repetidas vezes, perguntas pessoais sobre ser filha do meu pai, sobre meus medos e sobre a próxima viagem. Me esforcei ao máximo para não perder a paciência e engoli meus pensamentos toda vez que queria dizer: "Se você quer saber o que meu pai acha, por favor, faça a entrevista com ele", ou "Se eu não tivesse medo de morrer, faria a travessia do oceano a nado, e não de barco", ou ainda "Eu nem acabei essa viagem, como você espera que eu fale da próxima?". *Por favor, Tamara, só uma foto em alta definição e um depoimento de algumas linhas.* E quando esses pedidos parecem importantes, eu preciso lembrar que nenhuma foto no jornal vai me resgatar se eu escorregar do barco.

Meu compromisso é permitir que as pessoas saibam que esse gesto de cruzar o oceano num barco pequeno é possível. E, para que elas acreditem, eu preciso, antes de mais nada, concluir a viagem.

Chega de entrevistas, de fotos, de publicações. Se eu não puder me levantar da maca do hospital, todas essas futilidades serão em vão. No jantar, como pouco mais de uma colher de chá de arroz e durmo. Se antes eu não conseguia me desligar por vontade própria, agora meu corpo está resolvendo isso por mim.

06.10.21, QUARTA, MINDELO

A PRAIA É TÃO ABSURDAMENTE BONITA, quente e deserta que me pergunto várias vezes se não há tubarões na água. No restaurante, me deito no banco de cimento como tenho feito em todos os lugares. Rogo praga no meu diagnóstico, mas logo me arrependo, descobrindo que ele nem era tão ruim assim. Agora, além do "cansaço fácil", passo a sentir um maravilhoso desarranjo intestinal.

Apesar da situação desagradável, é importante estar com Guillaume Deux. A distância, o tempo, as dores e a saudade estavam aos poucos desbotando as razões de estarmos juntos, tão separados. Penso nas marinheiras e nos marinheiros dos navios de pesca, cargueiros, petroleiros e barcos de pesquisa que ficam meses longe de casa. Como manter vivo o desejo do outro, mesmo com a fumaça que a distância sopra na memória?

Damos uma volta em uma encosta de vulcão. Na estrada de volta, enfio a roda da frente do carro num buraco e furo o pneu. Fico muito constrangida com o erro. Ainda bem que navego sozinha. Se não, acho que ficaria o tempo todo duvidando de mim mesma.

Hoje tem mais uma daquelas famosas entrevistas do documentário em que "me cansam" de propósito para eu "ficar mais natural". Isso me faz detestar a entrevistadora, o filme e toda essa história. Já não gosto mais dessas filmagens como gostei um dia. Acho que é porque antes elas eram raras e especiais, me surpreendiam, provocavam novos pensamentos. Agora preciso me esforçar para encontrar sempre respostas diferentes para perguntas parecidas, tipo:

Qual é a sua relação com o mar?

De onde surgiu a viagem?

Como você lida com o medo?

Pretende ter filhos? (Me fariam essa pergunta se eu fosse homem?)

E, quando eu já estou sem paciência, a mais chata e atrevida:

Como você está se sentindo?

Quando as entrevistas são feitas para jornalistas que irão "transcrevê-las", os sentidos do que eu disse são quase sempre trocados. Ou aparecem aspas com frases inteiras que nunca saíram da minha boca. Nessas horas, fico feliz por haver redes sociais e poder ter um espacinho no oceano da internet onde posso ser lida com minhas próprias palavras.

Não sei quando voltarei a ver Guillaume Deux. No nosso último "jantar romântico", pedi sopa de tomate, fui ao banheiro quatro vezes e dormi com a cara na mesa. Nos despedimos. Espero não ter deixado uma última lembrança tão ruim... Estou feliz por ele ter vindo.

10.10.21, DOMINGO, MINDELO

"É VOCÊ A MOÇA CORAJOSA?!", grita o cara na moto enquanto atravesso a faixa de pedestres.

"Depende pra quê, moço!"

Ele sorri, encosta no meio-fio, pede uma selfie, agradece e segue na avenida.

Cem metros à frente, não penso em outra coisa: não foi preciso ter coragem para chegar aqui. Foi preciso acreditar, caminhar, arriscar, renunciar, aprender, me arrepender, insistir e tentar de novo, de outro jeito. O primeiro perigo estava em ficar no lugar de onde eu vim, renunciar à pequena possibilidade do sonho e, todo dia, tomar a mesma decisão de adiar a descoberta de mim mesma.

É domingo. Ainda me sinto fraca. As ondas são muito potentes na Praia do Norte. Entro no mar e sou carregada. Em poucos dias, esse mesmo mar que me trouxe com força vai me levar para longe.

No principal lugar de desova das tartarugas, chega lixo de várias partes do mundo. Sacos plásticos, redes de pesca e escovas de dentes que viverão muito mais que nós.

No almoço, como um prato especial do *Crazy Chicken* que não estava no menu: sopa de arroz com miojo. Chamamos de sopa milagrosa, com muita razão. Devia ter comido isso antes.

De manhã, trabalho no livro, tenho reunião com Loira para definir o caderno de fotos, as legendas, o nome dos lugares e os agradecimentos.

Decido chamar o eletricista para dar uma olhadinha no painel — porque o alarme sonoro está em silêncio e as panes elétricas do último trecho me deixaram desconfiada. Os eletricistas, Jay e Salamansa, descobrem que o separador sonoro não está funcionando. Ligo na Volvo para pedir uma peça substituta, mas o painel é antigo demais, e eles não fabricam mais o item. Me abalo com a notícia, mas os eletricistas, não. É tão difícil ter reposição de peças aqui que eles aprendem a criar as próprias. Passamos o dia subindo e descendo as ladeiras da ilha entre as oficinas e o barco para reconstruir o sistema.

Volta e meia digo ao Bruno: "Então eu vou embora?". E ele responde: "Tu vais mesmo?". Cheguei aqui sem conhecer ninguém, e parto deixando um bom amigo. Essa é também a magia da travessia. De apontar para o desconhecido, apostar no imaginado, se abrir para o imprevisto e partir, levando a saudade do passado.

Este é o último pedaço de terra que tocarei no hemisfério Norte.

Me preparo para deixar meus amigos, meus lugares prediletos para jantar, nadar, ficar em silêncio. Me preparo para deixar uma fase da vida em que cruzei países, línguas e paixões. Em que me afastei da família e dos meus afetos. Os números no relógio estão mais perto do fuso horário da minha avó.

Parece até grandioso deixar a tampa do planeta. Mas, no fundo, me preparo para chegar em casa.

15.10.21, SEXTA, MINDELO

O BARCO ESTÁ PRONTO para partir. Meu peito pede para esperar. Planejei esta viagem por meses. Estudei as escalas, calculei as distâncias, estimei as datas, listei os reparos e provisões. Tudo foi diferente. Não contei com os amigos que faria, com a mudança da paisagem interna ao longo do caminho. Não contei com o fato de que encontraria os limites do meu corpo e da minha mente, principalmente em terra, quando todas as emoções se reuniam intensamente.

Último café com suco e bolo de maçã antes de subir na Sardinha, engatar a genoa, dar o último abraço. Bruno solta minhas amarras e me segue de bote até eu fazer a curva na baía. Duas semanas atrás, ele foi o primeiro a me ver chegar. Hoje, era a única testemunha do meu sumiço.

Já é noite quando o vejo pela última vez. O vento sopra forte no corredor entre as ilhas de São Vicente e Santo Antão. Tento aproveitar o restinho de sinal enquanto a vela mestra dá *jibes* violentos.

Tento me acostumar com uma evidência: na próxima vez que pisar no chão, terei atravessado o Atlântico. E teremos traçado, no mapa do planeta, a linha entre os lugares distantes que vão me transformar em quem serei.

Noite adentro. Mar afora. As primeiras cem milhas acabam de ficar para trás.

17.10.21, DOMINGO, 200 MILHAS DESDE CABO VERDE

LEVEI TODA A MANHÃ e um pouco da tarde para fugir da sombra sem vento feita pelas ilhas e me afastar da terra. Agora, escorregamos pelo oceano, Sardinha e eu, empurradas pelos alísios. A serpente do trajeto cresce na carta enquanto desço as latitudes do planeta. O céu tem mais ou menos a mesma cor que tinha ontem. As ondas, quase o mesmo tamanho. Mas é um dia muito diferente dos outros: hoje viro escritora! Começou a venda dos livros sobre a minha primeira viagem com a Sardinha. Abro uma garrafinha de água com gás para comemorar. É um acontecimento muito distante daqui. Acho graça em pensar que, hoje, pessoas no mundo inteiro podem encomendar meu livro, menos eu mesma.

Em alguns momentos o céu fica branco, e fico feliz de poder sair sem estar mergulhada em protetor solar fator 50. Ainda não encontrei meu ritmo nos minissonos. Eles não são muito revigorantes.

O leme de vento faz o rumo mudar o tempo todo com as pequenas variações das correntes.

A zona de convergência intertropical dificulta bastante a estimativa da data da chegada. Talvez eu leve catorze dias, talvez vinte?

Duzentas milhas.

De noite, o balão faz várias voltas ao redor do estai de proa. O nó é alto e bem apertado. Tento várias técnicas diferentes para desfazê-lo. No escuro, é fácil virar o tecido para o lado errado e piorar a situação. Tenho a impressão de passar horas nessa batalha selvagem. Mas talvez só tenha durado vinte ou trinta minutos. Estou pingando de suor, exausta.

Está tão quente que é difícil continuar vestida. As roupas são cada vez mais finas e raras. Mesmo de noite, sinto calor. Me escondo constantemente do sol.

→ Seg., 18 de out. de 2021

Aquele jornalista que não sabe o seu nome se superou hoje
O título é "Sozinha e sem banho: como filha de Amyr Klink está cruzando o Atlântico"
A ênfase é na sua porquice e no seu pai KKK :)
Mas o texto ficou bom, completinho, até com link pro livro

Da próxima vez ele pode acrescentar
a palavra "pelada" no título
Acho que ajuda na venda do livro
300 milhas!!!
Quando puder, e não estiver mais brincando com as crianças,
manda uma estimativa para os dias seguintes?

Na 4ª de noite começa a ter 10 nós constantes,
com rajadas de 14
Mas de hoje até 4ª fica entre 4 e 10
Só melhora mesmo qdo vc estiver beeeem perto do equador
Não tem o que fazer pra fugir
Como está sua rotina? Comer? Dormir?
Ainda sabe os dias da semana?
As baterias tão mandando bem? Sol? Calor? Quero podcast!!!!

Entendi!
E o protetor solar é espesso e derrete com o calor
quando mistura com suor e sal
É tão nojento que eu evito encostar
nas coisas pra não melecar

Eca
"Sem banho e nojenta: Tamara cruza o Atlântico.
Dia 25 começa a menstruação e ainda piora"
Vai ser a chamada pra próxima matéria :)

Começou ontem KKKKK vc não imagina o vazamento
que se espalhou na embarcação.
Vc esqueceu de substituir meu nome por
"Filha do famoso navegador brasileiro"
Passamos de 1/5 do trecho! Pelo menos 20%
estão garantidos antes dessa calmaria aí

KKKKK
Amigo da filha menos limpa do Amyr Klink vai dormir
Bjs!

18.10.21, SEGUNDA, 300 MILHAS DESDE CABO VERDE

TREZENTAS MILHAS!

Muitos golfinhos ao redor do barco. Todos os dias vejo peixes-voadores saltando de cinco em cinco minutos. Na água, tem uma alga castanha que forma tufos ou tapetes. Parece uma trepadeira com folhas como as de um pinheiro de Natal e umas bolinhas que funcionam como flutuadores. As algas parecem bonitas e simpáticas, mas nos enganam. Engancham na quilha e no leme e fazem a gente frear. Preciso virar o barco para ficar contra o vento e andar de ré. Achei que só me encontrariam mais ao sul e a oeste, mas já vieram me aborrecer aqui. São tantas que é impossível desviar.

O sono faz falta. Às vezes tenho alucinações. Geralmente elas são auditivas. Sonho com barcos, e muitas vezes é difícil separar os eventos reais dos imaginários. Costumo estar sonolenta pela manhã e excessivamente acordada à noite. Sinto que minha memória está muito curta. Não tenho "tempo sobrando" porque, quando estou desocupada, durmo para pôr o sono em dia.

O melhor investimento que fiz foi o aparelho de mensagens satélite ilimitado. Se eu tivesse telefone, perderia essa sensação de "contato restrito". As mensagens demoram para chegar, o que restringe a fluidez da comunicação, então as conversas viram cartas. São mensagens literárias. Descobri que é muito melhor falar com Guillaume Deux pelo comunicador por satélite do que por telefone. Por texto, ele é todo poético e romântico. Por telefone, parece que estou sempre fazendo um monólogo. Faço perguntas que ele responde objetivamente e, quando paro de trazer novos temas, falta assunto. Acho que, se não fosse pelas cartas, eu já teria abandonado esse relacionamento improvável e distante. Mas aqui, elas são a razão de uma alegria infinita todas as tardes, me dando motivos para seguir em frente, para não me perder de mim, para resistir às horas difíceis. Sei que atravessei novos meridianos quando as mensagens chegam mais tarde. Torço para dar dezoito horas na França logo, para Guillaume sair do trabalho e me escrever. Seus textos descrevem uma rotina muito diferente da que estou vivendo. Um passeio na praia e uma ida à feira se tornam eventos extraordinários. As cartas me permitem ancorar meus desejos no mundo terrestre.

Somos ultrapassadas pelos trinta-réis que fazem sua viagem anual de um polo ao outro. Por mais que eu navegue bastante, jamais conhecerei os lugares que essas pequenas aves brancas sobrevoam entre dois verões. Há muitos golfinhos. Cinza e pintados, diferentes dos que eu via mais ao norte. Eles se tornaram tão comuns que nem te escrevo mais sobre eles. As noites estreladas e as estrelas cadentes também parecem normais. Assim como a solidão, o medo e o tédio. Você me dá uma razão para continuar me impressionando com as coisas que se tornaram ordinárias e não são. Me lembra de marcar o tempo, de festejar as distâncias. Metade dessa viagem eu só vivo por sua causa.

Depois da canseira da noite de ontem, acho que dormi horas seguidas sem perceber. De vez em quando fico tonta com os sonos picotados. Nem sempre me lembro das vezes em que me levantei ou dormi, e encontro, surpresa, rastros de atividades das quais não me recordo. Colher suja na pia, garrafa de água vazia, marca de óleo ou graxa na camiseta.

Sonhei com vários elementos do destino. Sonhei que havia infinitos pacotes dentro da sacola de tapioca que Ana, a produtora do documentário, me mandou. Eu tirava um por um e sempre encontrava outros. Para acondicioná-los bem no barco, eu os usava como "amortecedores" entre as baterias, ferramentas e âncora, ou de lastro, a barlavento.

Também sonhei que estava no Guarujá e encontrava Gigi, minha amiga de infância. Chovia. E as chuvas tropicais formavam lagos no meio da cidade, que eram usados como piscinas. As crianças saíam nas calçadas com boias nos braços e animais infláveis para nadar nas avenidas e nos postos de gasolina.

Alguns rituais vão se tornando comuns. Por exemplo:

– Quase nunca uso roupas;

– Como direto da panela (ou numa caneca, para comprometer uma mão só);

– Tenho direito a um chiclete e a uma garrafinha de água com gás por dia;

– Durmo mais entre duas e oito da manhã;

– Quando está mais quente, durmo fora do barco. Fico dentro entre dez da manhã e uma da tarde, escondida do sol (meu único chapéu voou com o vento, e não consegui reencontrá-lo no mar);

– Café da manhã preferido: tapioca;

– Depois do café da manhã, durmo mais uma hora;

– Não vejo barcos desde que deixei o Mindelo;

– O vhf está tão silencioso que às vezes me pergunto se ainda funciona;

– Quase não ligo a câmera, porque já fiz muitos vídeos no caminho e agora quero que meus olhos sejam as únicas testemunhas do que vejo (e também porque para os vídeos eu precisaria pôr uma roupa);

– Me sento embaixo da retranca uma ou duas horas por dia, e uma ou duas horas por noite;

– Sei os dias da semana porque as previsões chegam em dias da semana, mas os dias do mês foram mentalmente substituídos pelo meu próprio calendário com vinte bolinhas que vou pintando, uma por dia (no fim desse caderno). Também tenho uma linha com dezesseis trechinhos que pinto conforme avanço de cem em cem milhas;

– De todas as previsões que recebi do Murillo e da minha mãe, houve um total de zero acertos. As únicas estimativas corretas foram as "pós-visões". Parece que aqui tem muita instabilidade meteorológica. Não faz diferença, já que não consigo contornar o tempo;

– Como não tomo banho todos os dias, as camadas de protetor solar se acumulam (torço muito para chover);

– A melhor coisa que fizemos em Cabo Verde foi colocar as duas baterias em paralelo. Agora tenho energia por mais tempo e deixei de ser refém do multímetro. Não preciso mais checar as cargas o tempo todo;

– Perdi um mamão papaia enorme que deixei guardado e protegido do sol. Em um dia ele mofou, ainda verde. Foi uma tristeza. Ainda tenho peras, kiwis, maçãs e melão;

– Até ontem, eu tinha uma sensação de sonolência permanente. Agora, consegui me acostumar aos movimentos do barco e estou inclusive atualizando o atraso desse diário;

– O leme de vento quebrou muitas vezes e até agora me deu mais trabalho do que sossego;

– Cansa estar sempre nos mesmos espaços do barco.

Aproveito a ausência das ondas para ficar no convés.

Sonhei que passava perto de Fernando de Noronha e a ilha parecia uma fortaleza de pedra — estilo Saint-Malo. Parei numa poita e fui nadando até a ilha. Eram seis da manhã e eu só podia ficar por vinte minutos, no máximo, senão o localizador por satélite ia atualizar minha posição, as pessoas iam começar a me procurar e o lugar deixaria de ser uma parada secreta.

Minha mãe está em Lisboa e escreveu que ficou muito emocionada quando visitou os lugares por onde passei. Até chorou! Dá para entender, é mesmo uma cidade emocionante.

P.S.: Ainda não a perdoei 100% por não ter posto NENHUMA fé na minha viagem e agora estar dizendo que foi ela quem me ensinou e me incentivou. Mas já perdoei uns 87% — afinal, só tenho essa mãe e entendo que ela se preocupa com o risco de eu morrer ou sumir. E é melhor ela me apoiar agora do que não me apoiar nunca. Vou perdoando uns 3% ao dia. Quando eu chegar no Brasil, já vai ter passado.

19.10.21, TERÇA, UM QUARTO DA DISTÂNCIA

HOJE NÃO SINTO FALTA de nada nem de ninguém. Me sento no nariz da Sardinha. Mergulho os pés na água. Passam peixes-pássaros, algas castanhas, o sopro seguro dos alísios. O sol marca na pele os cortes das roupas que uso. A proa aponta para Recife. As capas corta-vento grossas estão penduradas nos ganchos da parede desde Portugal. Os dias e a distância embaçam as lembranças da última vez que as vesti.

Tento não pensar no que pode me esperar na chegada. Aproveito o silêncio das vozes humanas, da conversa incessante do mar consigo mesmo e do vento com as velas que nos fazem avançar. Aproveito a solidão absoluta. Os cantos da pequena superfície habitável onde vivo. O espetáculo dos peixes, o sabor e a textura molhada das frutas frescas. Aproveito, sobretudo, as noites estreladas.

Quatrocentas milhas de viagem. 400! Um quarto da distância dessa perna completo.

A lua dá a volta na minha cabeça. Passo a noite acordada com a mão na cana do leme. Aproveito cada suspiro do vento para descer mais latitudes antes da calmaria.

As noites ficam mais compridas a cada dia. A lua laranja é mais confortável que o sol quente. Em alguns dias, as constelações que cobriram a Sardinha pelos 38 anos desde que foi construída vão se esconder atrás do mar. São as últimas marcas do hemisfério Norte.

QUARTA, 500 MILHAS. PASSAMOS DE UM TERÇO

MUITAS ALGAS NO *SAILDRIVE*, emaranhadas no hélice e presas na rabeta. Não é nada prático tirá-las com o balão do alto. Baixo o pano para dar ré com o motor. Acabo pegando um cabo no hélice (maldito *preventer*! Maldito nó cego!). Paro o motor na hora em que escuto o trim-trim-trim da manilha batendo no metal. A bateria da GoPro acabou, estamos em calmaria. Fico horas num suspense digno de sala de espera de UTI para saber se ainda tenho hélice. Fiquei imaginando chegar ao Recife e ter que ser rebocada (acho que é meu maior medo). Recarrego a câmera, ponho-a na água e, com o coração na boca, constato que nosso hélice... ainda está lá. Mas com muitas algas e sargaços.

Vejo raios no céu. Eu achava que tinha queimado uma lâmpada, mas eram as descargas de luz nas nuvens escuras!

Há uma camada de neblina (dois dedos e meio) que cobre o horizonte. Me pergunto se é normal, se é areia do Saara ou se tem a ver com o vulcão de La Palma. O sol aparece atrás da neblina.

Apesar dessas trepadeiras marrons que fazem de tudo para nos frear, conseguimos avançar bem durante a noite.

Saber que tem alguém pensando em nós de quando em quando torna o caminho menos árido.

QUE DIA É HOJE? 600 MILHAS DESDE CABO VERDE

O CÉU COMEÇA A PARECER mais com os céus dos verões de Paraty — azul-claro, quente, com chuvaradas e raios iminentes e passageiros. O céu não sustenta mais o branco por semanas. Entramos na zona dos *doldrums*. É a zona de instabilidade meteorológica.

Assisto à lua fazer seu percurso de leste a oeste. Branca, cheia e poderosa.

Continuo cercada por tapetes de sargaços.

Ainda está longe, mas às vezes penso na chegada. No quanto tudo terá mudado. No quanto tudo será como antes.

Enquanto eu dormia, o balão deu várias voltas ao redor do estai de proa. Lá no alto. Quando vi, já eram voltas demais. Tentei de tudo. Não houve jeito de desfazer as voltas daqui de baixo. O caminho ainda é longo, não posso seguir assim. Visto a cadeirinha de alpinista. Tento subir duas vezes e desisto. É assustador ficar com os pés soltos, o corpo sendo jogado entre os cabos de aço e o mastro de metal. *Não tem outra saída, Tamara.* Enquanto escalo, o barco aderna e fico suspensa sobre a água. Se eu cair no mar, ninguém vai fazer o barco voltar para me buscar. Meu corpo pende num fio e num grigri, o pequeno aparelho de escalada. Me estico para alcançar a borda do pano e desfazer as voltas, uma por uma, enquanto aperto as coxas para me manter em equilíbrio sentada nas cruzetas.

· 158 ·

Pouco mais de uma hora depois, desço com a vela enrolada, bem segura debaixo do braço. Solta, inteira.

O céu me lembra murais renascentistas. Coberto de nuvens cúmulos-nimbos, aglomeradas como a plateia de um concerto. Elas aguardam o momento em que o único objeto estranho na paisagem, este barco minúsculo como uma formiga, fará seu gesto final: passará entre elas e sumirá para sempre, deixando os *doldrums* para trás.

Aproveito o sumiço do sol para ficar no leme e colher as rajadas da noite. Em companhia da lua, das estrelas, dos golfinhos pintados e de algumas mensagens que chegam aos pouquinhos quando um satélite passa por nós, percebo o quanto esta viagem me fez crescer.

Faltam dezesseis latitudes. Oito ficaram para trás.

Todos os dias pinto uma das vinte bolinhas do calendário.

Ao amanhecer, terei seis bolinhas pintadas.

SEXTA, 700 MILHAS

TENHO DIREITO A:
   0,5 litro de água com gás;
   1 fruta fresca;
   3 tâmaras;
   1 tapioca;
   30 minutos de sol do meio-dia;
   3 horas de sol lateral;
   5 horas de lua;
   0,5 camiseta limpa;
   3 quadrados de chocolate;
   4 horas e meia de sono;
   1 lavagem de rosto com água doce;
   1 chiclete
   por dia.
   Se a viagem se alongar, trocaremos a panela para reduzir o raio dos círculos de tapioca até chegarmos a um círculo tão pequeno que não será mais possível dobrá-la ao meio. E terei que substituir o café da manhã por aquele mingau de aveia que não aguento mais.
   Sinto que tenho que diminuir minha letra a cada dia para a viagem caber nas páginas que restam deste diário.

SÁBADO, 750 MILHAS

15:25

Volta e meia a noite e o dia se amontoam
nesse corpo cinza
pendurado no céu.

18:42

Entrei numa nuvem escura,
uma tempestade portátil
me carrega consigo sem perceber.

20:51

Acho que o inferno se parece com isso.
Água no céu
nas paredes
no chão.
A estrutura da minha casa trepidando
a estrutura da respiração.

02:12

Chegam mensagens.
Quanto mais leio os outros,
mais me sinto
profundamente só.

03:12

Um deserto doce e salgado
alagado
de solidão.

03:36

Quero desistir.
Mas a única desistência possível
é chegar ao fim.

05:16

Não sei de onde tirar motivação
para reagir.
Tiro-a do medo do grito do cansaço —
eles nunca me abandonaram.

08:12

No dia em que eu encontrar
o céu azul,
a escuridão das nuvens
vai parecer um grande exagero.

09:57

Abri uma lata de milho
como se libertasse
centenas de sóis.

Essa foi uma das piores noites que já vivi.

Nuvens pesadas e escuras à frente aguardam nossa chegada. Vamos da calmaria ao vendaval. O vento gira em todos os sentidos. O catavento parece um moinho. Subo e desço a genoa. Ela troca de lado muitas vezes com violência, conforme o vento autoriza ou interdita nossa passagem, fazendo o barco rodar em círculos e desenhar zigue-zagues incontroláveis na carta. Chuva forte. Espalho baldes no convés. Meu cabelo está enfim doce depois de uma semana de sal.

Tomo banho de pirajá em meio ao mau tempo. As gotas espessas de chuva escondem a vista. É dia, mas está escuro como a noite. Não consigo ver se há barcos por perto. Não consigo ver se o tempo vai melhorar. O vento acelera muito e logo some. Acelera e some. Acelera e some. Entro em mais uma nuvem, e logo atrás surge toda a matilha delas. O mar nos pega pela bochecha. O piloto automático não dá conta e queima. O leme de vento faz a gente girar junto com a corrente e ir para trás. Aves novas com bicos compridos passam por nós. Debaixo de cada nuvem, um rodeio particular. Entre baldes, velas, cabos, roupas sujas e recém-lavadas, corro loucamente de biquíni, reagindo às mudanças desse tempo inclemente.

Noite escura. Minha mão fica colada à cana do leme por horas. Meus bordos são ruins, e a serpente do trajeto derrapa para trás. Estou de capa de chuva, mas a água é tanta que atravessa a roupa. Estou encharcada, pingando por dentro. Não consigo parar para dormir. Preciso reduzir as velas. Solto a barra e nos deixo à deriva para baixar os panos. O barco cavalga nas ondas, chacoalha. Eu engatinho. Desço tudo.

Ouço o som das coisas caindo lá dentro, da água entrando pela porta e pela válvula de ventilação do teto, escorrendo pelas paredes, formando minipiscinas no piso, lagoas nas quinas, corredeiras nas esquinas. Por fora e por dentro, tudo escorrega, tudo bate. Ligo o motor para escapar das nuvens com segurança. Ele não dá conta de vencer as ondas. Estou esgotada. Durmo e só tenho pesadelos. A realidade e o sonho se misturam. Tenho a impressão de que há outras pessoas comigo. Dag, o instrutor de vela norueguês, está lá fora e me chama para arrumar a vela que vai escapar. Falo para Henrique ir no meu lugar. Ele continua dormindo. Bem, se for sério, Dag vai arrumar a vela. Henrique? Dag continua a gritar meu nome. Levanto, saio e percebo que estou sozinha.

DOMINGO, 700 MILHAS DE CABO VERDE

DE DIA, RECEBO MENSAGENS repetitivas da minha mãe, que diz com toda certeza que meu rumo está errado. Que se eu seguir assim, nunca vou conseguir chegar a Recife. Que preciso absolutamente passar a leste dos Penedos de São Pedro e São Paulo. Estou fazendo o melhor que posso para vencer o vento e as ondas. Estou dando tudo de mim. As velas estão esticadas ao máximo. O rumo é o mais justo que dá. Estou esgotada. Não sei digerir as mensagens da minha mãe, que fala olhando uma tabela e nunca esteve no meu lugar.

O segundo piloto elétrico queimou. Faço bordos quadrados e não avanço.

As ondas vêm do nordeste e me jogam para oeste. Quando as subo, o barco desacelera e estaciona. Meu medo insiste. Se minha mãe estiver certa, não conseguirei chegar ao destino que escolhi. Não cumprirei meu plano. Não consigo acreditar que perderei por tão pouco, sem saber. Era tão fácil ter ganhado o leste com vento de popa! Sinto raiva dos pontos de referência que recebi e persegui. Me sinto fracassada, incapaz de vencer o muro invisível dos ventos e do mar. E as mensagens da minha mãe têm argumentos cada vez mais insistentes: "Como você não sabia? Isso é regra desde os tempos das caravelas!", "Minha filha, só te peço isso, é a única maneira de conseguir, vá para leste", "Essa é sua última chance".

Mesmo com a ajuda do motor, não consigo vencer o mar com meus audaciosos sete cavalinhos e meio de potência.

Aqui, as informações que tenho para tomar decisões são "tendências", teorias, cartografias e interpretações do céu do passado e do presente. Contei demais com as informações que vêm da terra. Mas faz tempo que elas só me confundem.

Releio as mensagens e me sinto burra, incapaz. Meu corpo carrega o cansaço da noite de ontem. Estou desestruturada, em dívida com o sono, com os reparos do barco e com a previsão. Meus olhos doem de tanto chorar.

Chega! Eu desisto!

Eu desisto.

DE-SIS-TO.

Busco uma maneira de materializar a desistência. Uma maneira rápida, eficaz, que não dependa de mais ninguém. Sento na borda do barco. Desejo me atirar.

Enquanto olho para o azul, me acostumo à ideia do abandono. Imagino a Sardinha seguindo seu curso sozinha. Eu sei que, mesmo sem mim, ela vai chegar a algum lugar. Ela vai concluir a travessia.

Sou invadida por um pensamento horrível: "Um dia, a Sardinha vai chegar em terra e a louça vai estar suja". Ponho as pernas para dentro e corro para lavar as panelas. Em seguida aducho os cabos, tiro água dos cofres e coloco os livros em caixas estanque.

Chegam mensagens do Henrique:

Ignora as dicas dos outros por ora, ok?
Quando tudo melhorar e vc descansar a gente conversa
Cuida de si, fodam-se os outros

Tá, tô aqui preocupado e cheio de empatia
Vc não merece isso
Aguenta mais um dia, por favor
Amanhã melhora
Abraço com muito carinho

Eu não quero mais estar aqui. Quero que isto acabe agora. Mas me jogar na água não parece NADA melhor do que estar no barco. Não vou mais lutar contra o mar. Vou apenas seguir e chegarei aonde for possível. A desistência alivia a tensão.

Abaixo os panos e deixo a Sardinha à deriva. Durmo por duas horas. Abro a carta e calculo as distâncias entre a minha posição e o pedaço de terra mais próximo. Estou a setecentas milhas do continente. Ainda uma semana pela frente. Volto a dormir, sabendo que o primeiro lugar para onde eu posso escapar já é Recife, meu destino final.

Até então, nenhuma situação tinha deixado tão evidente o propósito da viagem: me dar a chance de não poder abandonar meu plano. Não poder fugir, não poder voltar atrás.

Repito em voz alta: "Nas próximas será pior, Tamara. A vontade de desistir será mil vezes mais tentadora. Se acostuma a resistir à tentação. Aprende agora".

SEGUNDA, 800 MILHAS, METADE DA SERPENTE

O TEMPO NÃO PASSA. As horas não avançam. As milhas contadas não aumentam. A nossa seta amarela parece estar estacionada na carta. A orça está tão apertada que a Sardinha freia nas ondas. Não posso escorregar para oeste de jeito nenhum. O sol queima forte. Rios de suor pelos talvegues do meu corpo. O tum-tum-tum do barco escalando as ondas e caindo nos degraus do mar.

A mesma distância nos separa do porto de onde viemos e do porto para onde vamos.

Tiro o zoom da carta, e a nossa cobrinha é uma longa diagonal desde a primeira navegação, na Noruega. O caminho percorrido parece agora linear e evidente. A serpente se espalhou tanto na superfície do planeta que já não é mais possível ver as voltas tortas, desvios e zigue-zagues pela tela do celular. Entre Mindelo e a nossa posição, conto um dedo. Até Recife, falta mais um.

Vou atravessando fusos horários.

Acabaram as frutas frescas.

As noites estão menos quentes.

Chove muito, e as capas voltam ao figurino.

A solidão me faz vulnerável. Tenho dificuldade de digerir as emoções. Os textos por satélite não chegam desde ontem. Revejo as fotos antigas e as mensagens trocadas com amigos.

Folheio o diário e volto no tempo. Revisito nossas conversas para me lembrar por que vim. Faço o que posso para me sentir cercada. Para me convencer de que não estou só. De que terei pessoas a quem abraçar quando chegar. De que, longe daqui, alguém também torce pela minha chegada.

Avarias até agora:

– Luz verde e encarnada (arrancada pelas ondas);
– Antena do VHF (desapareceu no vendaval);
– Dois pilotos elétrico + circuito;
– Marcas de escorrido de ferrugem nos apoios metálicos do convés;
– Luz de meio de mastro + tomada;
– Zoom gravador de áudio;
– Escota da autocambante;

No meu corpo, a pele das mãos é mais espessa, os braços estão mais fortes, e pelos crescem soltos e selvagens, como um pasto que recupera seu direito de ser floresta.

TERÇA, 900 MILHAS, PRIMEIROS ATOBÁS

PROCURO, COM MEU BINÓCULO, um rochedo, um farol, algum sinal do arquipélago de São Pedro e São Paulo. Chamo no rádio. Por vezes seguidas. Em vão.

As milhas faltantes parecem se esticar. A parte direita deste caderno é cada vez mais fina. O barco sempre inclinado pra direita, ando de lado, durmo com os pés encaixados no fundo dos armários, as pernas encolhidas para a cintura encaixar no móvel da pia. As comidas na panela deitada sempre ficam meio queimadas, meio cruas. Entro em um debate com o cansaço para me convencer de cada gole de água, de cada refeição, de cada saída para olhar o horizonte e constatar, sem surpresa, que ainda estamos sozinhas. Secam as canetas. Preciso usar nanquins de pontas cada vez mais grossas, que quebram e criam fendas nas letras. Releio os mesmos livros de poesia, torcendo para ter esquecido a paisagem, o caminho, o rumo de cada poema, torcendo para, desta vez, entender algo que ficou em suspenso, torcendo para que o mesmo mapa me leve a um novo destino. Sempre leva. Me sinto mais fraca. Apesar de os braços estarem mais firmes, minha represa de motivação é rasa. Me sinto presa a números que não mudam. Dedicada, noite e dia, a perseguir a quina do vento e a fazer mágica com as palavras.

Passo a manhã imaginando o que eu teria visto se estivesse um pouquinho mais ao leste. Da próxima vez, espero passar mais perto das ilhas.

Se minha mãe estivesse aqui, certamente teria um guia de aves do Brasil e reconheceria todas as espécies, saberia dados e curiosidades. Me arrependo de não ter um livro assim. Olho as aves e sou obrigada a chamar todas de "pássaro". Uma ave toda marrom (talvez um atobá?) voa tão perto,

tão

perto

que tenho a impressão de que vai perfurar a vela com a flecha do bico.

Ela faz três círculos ao redor de nós e segue para leste. Enquanto ela fica cada vez menor e se mistura com as ondas, eu me despeço, em silêncio, da primeira prova viva das terras do Brasil.

QUARTA, LINHA DO EQUADOR

CRUZEI O EQUADOR — esse anel que inventaram para nos dividir em metades. Não vi nenhuma rua dividindo os dois lados. Não vi nenhuma placa que dissesse "bem-vinda". Não vi nenhuma linha traçada no céu anunciando o começo do sul do mundo. Não vi pedágio, posto da alfândega, fogos de artifício, letreiros luminosos, bandeirolas. Netuno não saiu do mar para nos dar passagem. A paisagem continuou parecida, mas cruzei a fronteira entre o norte e o sul consciente de que, de agora em diante, as águas deste oceano giram em sentido anti-horário.

Quinhentas milhas pela frente.

Você sabe, parece tão pouco e parece tanto. Recorro à arma secreta: abro a carta do Thomas (quem diria que, anos depois, eu me reaproximaria do meu primeiro namorado) e a do Matthieu, amigo da faculdade. Abro o envelope que Loira me deu quando fui para o intercâmbio. Nele, tem a última carta que eu deveria ler antes de voltar ao Brasil. Anos depois, estou finalmente a caminho. Guardei-as com tanto cuidado, criei tanta expectativa, que leio com a impressão de que são curtas demais. Mesmo assim, a leitura me faz bem.

Estou certa de que a distância esclarece vínculos. A falta é geradora de novos caminhos. A solidão é amiga da saudade. E a dor também é mãe do crescimento. Hoje eu cruzo a fronteira entre os hemisférios. Eu vim para cá para juntar minhas metades.

QUINTA, MENOS DE UM DEDO ATÉ O BRASIL

NOITE ESCURA. O VENTO CANTA. De madrugada, acho dois pássaros pegando carona no guarda-corpo da Sardinha. (Um deles me deu um baita susto, chegando perto de mim no escuro, quase invisível. Dei gritinhos para afastá-lo e poder terminar o jantar, mas acabei jantando escondida da fera inofensiva, de luzes apagadas, dentro do barco.)

As ondas passam, molham dentro, criam poças, e os pássaros permanecem empoleirados com firmeza nos cabos de aço. O céu está coberto de pontinhos brancos como pedras de sal espalhadas no teto do universo. Tenho a impressão de que as estrelas estão tão perto que o mastro pode tocá-las. A cara do barco enfiada no desconhecido, mergulhando na água preta. Um navio no horizonte. O primeiro desde Cabo Verde. Agora terei que ficar mais atenta.

As luzes do outro barco me lembram das vidas que dividem este mar comigo. Me lembram das saudades dispersas no oceano e do nosso pacto com a solidão. Lembram meu namorado, que hoje também navega. É muita utopia acreditar na gente? Tem horas que acho que sim. Outras vezes penso que ele é capaz de entender minhas ausências. Em hemisférios diferentes, nossas vistas do céu se apartam. As horas dele se afastam das minhas. O sol nos queima de lados diferentes. Invertemos nossas estações. Na ponta da minha língua não há mais a dele. As palavras são o guarda-corpo do nosso vínculo, onde fico agarrada, virada para o vento. Debaixo das ondas. De penas salgadas. Com a cara mergulhada na noite, sinto que meu namorado e as estrelas parecem mais perto do que estão.

De manhã, saio com a câmera para fotografar nossos passageiros.

Voaram.

29.10.21, SEXTA, FALTA UM QUARTO DA DISTÂNCIA

PASSO A MANHÃ ORDENHANDO o vento que rondou. Longas ondas. Fazer as milhas correrem para trás enquanto ainda consigo avançar a 5 ou 7 nós de través. Às dez da manhã o vento enfraquece. "Falta só mais um golfo da Biscaia", escreve Henrique. "Um golfo da Biscaia e umas cem milhas, né?", respondo. Em três meses, esse golfo que tanto me assustou ficou pequeno.

Começo a sentir o estresse pré-chegada. Nanda e minha mãe escrevem sobre passagens de avião, hotel, imprensa, trabalho. Ainda tem muito chão! Parecem assuntos tão longínquos, tão supérfluos!

Encontro as feridas que a viagem deixa no barco. A lista de avarias cresce. Preciso parar. Preciso chegar. Estou pronta para um encontro súbito com minhas pessoas mais queridas?

Pronta para vestir sapatos apertados e pôr os pés no chão, para olhar nos olhos de alguém que não conheço e falar sobre agora? Sobre ontem? Sobre os meses passados?

Para me vestir por inteiro e me perguntar se a roupa combina? Se está suja? Se marca? Se me cai bem?

Pronta para cruzar as pernas, separar o garfo da faca, me dobrar para caber num calendário, desertar os pelos que reconquistaram seus domínios e pensar no que pensarão os outros antes de pensar no que penso eu?

Será que estou pronta para deixar para trás os mais lindos nasceres e pores do sol, deixar as luzes da cidade esconderem da vista as vastas noites estreladas, deixar para trás essa fase da vida em que, do alto de meus 24 anos e 1,66 metro, eu não sabia que poderia cruzar países, ilhas remotas, linhas imaginárias, acidentes geográficos e alcançar o outro lado do mar?

Quando tiro o zoom da carta, a flechinha da nossa posição já toca o destino.

Tenho três dias para conter o pranto e me aprontar.

Três dias até me olhar no espelho e encontrar no meu corpo as cicatrizes da viagem.

É noite. Vento fraco e instável, o que significa que o leme de vento não funciona. Estou há 12 horas de castigo com a mão na cana do leme. Em todas as vezes em que saí para dormir, o barco rodou e foi para trás, para o norte, me fazendo perder algumas horas... Me sinto naquelas provas de programa de auditório em que o participante que ficar mais tempo com a mão no carro ganha o automóvel.

É nesses momentos que mais me faz falta ter alguém para revezar comigo as horas de paciência (e dividi-las por DOIS), para me trazer novos assuntos quando os de sempre me cansarem, para poder fazer o barco voltar caso eu caia. Um dia, quem sabe, eu volte a navegar acompanhada. Mas, por alguma razão, desde pequena, sinto que um navegador completo veleja primeiro sozinho. E, talvez, se houvesse mais alguém, eu não teria descoberto que era, sim, capaz de ficar O DIA TODO concentrada num mesmo rumo, 210° até o Recife.

Vejo uma nuvenzinha escura e, dali em diante, nunca mais saio da sombra dela. Chuva, vento forte. A previsão de vento chutou a porta junto com um pirajá. Fui despindo o barco, roupa por roupa, troquei a genoa pela autocambante e então pela *tourmentin*, a vela de mau tempo. Fui rizando até sobrarem dois triangulinhos nos mastros, fazendo a gente, mesmo assim, ir a cinco nós. Tudo vibrando. A água entra pelo teto — até me acostumei a ficar conversando com o balde e a esponja para secar as poças do chão.

Amanheço com o convés repleto de peixinhos-voadores! Isso mostra que a gente estava mesmo debaixo de muita água...

As mensagens da minha mãe chegavam, comemorando a aproximação, enquanto eu estava numa superdepressão pós-estresse, após várias noites acumuladas sem dormir, com o barco molhado de novo.

Ou seja, ZERO clima festivo de fim de viagem. Acho que vou chegar tipo estopa velha de motor, igual à Zazá, nossa cadela, em dia de chuva, quando não sabemos onde acaba o emaranhado de folhas e galhos e onde começa o cachorro.

Depois de muito pensar, muito sofrer e nada fazer, arregaço as mangas e começo a arrumar o barco.

30.10.21, SÁBADO, 150 MILHAS FALTANTES

O VENTO AUMENTA E DIMINUI. Ronda em permanência. O piloto de vento nos faz dar *jibes* e cair para os lados e para trás. Fico no leme para manter o rumo. Não dá para dormir. Entro em mais uma nuvem de mau tempo. Os estais vibram. Tenho medo de quebrar algo. Ponho o segundo rizo e a vela pequena de contravento, e o barco ainda corre. Deve haver pelo menos 25 nós com 30 de rajada e mar cruzado. Preferia evitar engatinhar até a proa com o barco batendo no mar, mas o vento está subindo. Desço a buja, amarro bem a vela no guarda-corpo e subo a *tourmentin*. Ainda avançamos a 5 ou 6 nós. As ondas fazem poças dentro da Sardinha. Ó, mar salgado, quanto do teu sal entrará por esta válvula de ventilação no teto?

Fico presa na nuvem das oito da noite às três da manhã. Quando não estou no leme, estou dentro do barco tirando a água do fundo com um balde. Quero dormir, quero chegar em terra. Eu repito para mim mesma: "Aguenta só mais dez minutos". Engano a exaustão. A antena no alto do mastro desapareceu. Deve ter se soltado do suporte. Enquanto isso, chegam mensagens da minha mãe falando sobre a organização da chegada. Tenho medo e choro de estresse. A falta de sono intensifica as emoções. Estamos sem luz de proa, e agora só temos o VHF de emergência, com marcas de ferrugem escorrendo do guarda-corpo.

São seis da manhã, estou com a mão na cana do leme debaixo do sol, suando e chorando de exaustão, mas o barco não fica na posição, e o *windex*, o indicador de vento, roda igual a um ventilador. O piloto elétrico faz falta. Essa noite dormiremos em terra, é meu maior consolo.

Gostaria de descansar pelo menos por uma hora. Mas sei que estou tão cansada que, se deitar para dormir agora, nada vai conseguir me acordar. Passo perto de um navio que parecia não ter me visto. Estou tão perto dele que consigo ver as pessoas no convés. Ele claramente não teria desviado. Nina me manda uma mensagem: "Sonhei que você jogou uma âncora no meio do mar porque já tinha alcançado o seu objetivo de inspirar as pessoas e não precisava mais continuar".

Recebo mensagens de "vai dar tudo certo", "vai ser de boa pra você", e isso me deixa profundamente triste com a falta de empatia com a minha dificuldade. Eu não tenho a "escolha" de não fazer dar certo, e essas falas ignoram que preciso AGIR para o "certo" acontecer. Não é como se os problemas pudessem ser magicamente resolvidos enquanto durmo. Também me incomoda quando minha mãe escreve "não se preocupe, estamos juntas". Nessa hora sinto como estou só. Às vezes é extremamente difícil agir ou saber o que fazer. Vejo outro navio no AIS. Estou chorando de novo. No fundo do poço. O barco está alagado, faz barulhos estranhos, vela molhada no salão, peixe fedendo no convés, água salgada nas baterias, e só piora. Não me sinto bem para pensar.

O vento começa a diminuir e a estabilizar em popa. Preparo minha comida liofilizada preferida (risoto de cogumelos) e escuto "Jovem", do Julio Secchin, e os Saltimbancos no volume máximo. Abro uma lata de peras em conserva. Foco todas as minhas forças em me sentir bem. Hoje eu tomo um banho, isso é inegociável!

Tiro os peixes do convés (separo um para mostrar para Nina). Tiro os rizos e subo toda a mestra. Faço uma asa de pombo com a genoa média. Guardo a genoa grande ensopada que estava no "banheiro", arrumo as roupas molhadas que estavam na mala e ponho-as para secar ao sol. Tiro a água salgada do fundo do cofre das baterias, aducho os cabos. Aos poucos o humor começa a voltar.

Ainda não decidi se acelero para chegar logo ou se enrolo para chegar com luz no dia seguinte. Fico mudando de ideia. Recorto adesivos em formato de sardinha que pretendo dar aos amigos — como se isso fosse uma grande prioridade.

Como será rever minha avó? Dormir numa cama? Estar no chão? Estar entre minhas irmãs? O que vai acontecer comigo? Com este barco? Com esta história quando chegar? Vou ter coisas para contar?

Na carta, nossa flechinha está cada vez mais perto da terra. Talvez seja nossa última noite no mar.

→ Sex., 29 de out. de 2021

Tô começando a ficar preocupada com a chegada, Henri
Tô ficando estressada. Com o significado de
encontrar minha família me esperando, de voltar pro
Brasil, de ser vista um pouco diferente do que antes, de
ver os jornalistas que mudam o que eu disse.
Tô ficando estressada com minha mãe
querendo controlar td, com a equipe
da produção do filme gravando cada detalhe,
com os problemas da Sardinha que vou ter que
resolver (inclusive as mil e tantas milhas até Paraty
e todos os papéis que tenho que pôr em ordem),
com as propostas de trabalho que vou ter que
responder, com o que fazer da faculdade, com
a sdd do Guillaume 2 e a utopia de uma relação em
que a gente dificilmente vai estar no mesmo país,
com onde eu vou morar depois de 3 anos
de independência, com a energia empregada
num lançamento do livro,
com os e-mails de 18 dias de bomba
que vão chegar todos duma vez.
A única coisa que não me preocupa é o Natal.
Tô animada pra um Natal com sol, casinha de biscoito
de gengibre e vovó por perto.

Eu falaria "ignora eles", mas imagino
que seja difícil desligar
Vi que a sua mãe e a Nanda tem mandado
muitas msgs. Acho que podia ficar um
tempo sem responder, avisar a elas que
vc precisa se concentrar,
que a prioridade é vc chegar bem
e evitar acidentes
Mas essa preocupação que vc me descreve
é meio um luxo dos vencedores, né?
Esse "trabalho" todo é fruto do trabalho
que vc começou fazendo vídeo pro YT
E deu nisso
Nessas horas tem que baixar em vc
o mesmo santo que baixa no seu pai,
pra vc se desligar do mundo

Sinto que tô chegando meio no limite do barco
Já quebrei mta coisa, consertei mta coisa,
usei todas as velas e rizos no limite de cada um
Sinto que a Sardinha começou a ficar
um pouquinho pequena

A sardinha não ficou pequena,
vc que ficou maior :)

→ Sáb., 30 de out. de 2021

Tô feliz por vc me ler e cuidar de mim
mesmo sem eu nem saber

Acho que a parte mais difícil foram os doldrums
Vc tava mal, afe!
Agora nem se compara com vc lá
Aquelas msgs foram punks
Seu humor voltou
Sábado de sol, vento de merda, Tamara de bom humor
(fedida, mas de bem) S2
No grupo de WhatsApp dos velejadores, um cara disse que vc
só consegue pq tem um "fera" te mandando as previsões,
KKKK (quer dizer, se não fosse pelas previsões, vc nem tava
viva na cabeça dele KKKK)
Rir pra não chorar pt. 2

Pirajá tenso...
PREVISÃO DA VELOCIDADE DO VENTOOO?????????????
TÁ MTO FORTE

Aqui no Windy mostra vento, sem oscilar, 11/16, e crescendo
Amanhã mais de través e mais forte
Pena ouvir que não é o que vc tá vendo :(
Fica bem aí, falta tããããããão pouco :)
Senha: fica bem, pls
Pode ficar mandando msg a noite toda, ainda tão 3–4 h
atrasadas
Eu tô acordando de noite várias vezes
Pode me xingar tbm, se isso te ajudar :)

Sobre a sua msg outro dia de eu velejar melhor:
a Tamara de 2020 tinha zero milhas em solitário
A Tamara de 2021 tem cinco mil

Me esqueci de te lembrar que vc
está em águas brasileiras, pelo menos
economicamente
Não é mais no meio do nada como antes :)

Mano esses tios de WhatsApp...
Graças a Deus tenho preocupação maior
nessa vida do que contaminar os outros
com minha inveja de meninas num barquinho
chamado SARDINHA num grupo de internet.

→ Dom., 31 de out. de 2021

Bom dia

Dia santo!!!!!

O leme de vento tá ok?

Falta tão pouco que mesmo se tudo quebrar vc chega por corrente :))))

Vc tem alguma troca de roupa limpa, pra amanhã?

Eles não têm ideia do que vc tá passando

Sei que vai dar certo pq tem que dar, não existe não dar certo

Mas acredito piamente que vc tá vivendo de inércia agora :)

Lado positivo: sem diarreia nem menstruada.

"Vivendo de inércia", outro nome pro livro :)

Se vc não agir vc morre

Amo suas previsões que não mentem!!!!

O humor está voltando, decidi arregaçar as mangas

e arrumar o barco

Quando vc entra na minha conta de mensagens,

vc tbm lê as conversas com meu namorado?

Ou esse mínimo de privacidade eu ainda tenho? KKKK

PS: vc é tão presente no meu dia a dia

que às vezes eu sinto como se vc fosse

a voz da minha própria consciência.

senha: mago—merlin

Cansou, para
Ninguém vai achar ruim :)
Nunca li as msgs pro/do seu namorado
E mesmo as outras, eu só passo o olho
Só em caso de estresse eu leio tudo
Qdo vc não quer pular no mar eu não leio :)

Quem diria, Henri, que está chegando ao fim
Vc imaginou que iríamos tão longe? Imaginou que seria assim?

Não tinha certeza se vc ia cruzar o Atlântico
Achei que ia postergar até não fazer... e no fim fez
Pão dura, sem comprar tudo novo, e funcionou (quase, falta 1 dia :))
Amanhã eu fico orgulhoso, hoje ainda não
(morrer no mar qlqr idiota morre, então chega primeiro)
Outro título bom: "Morrer no mar qualquer idiota morre".

NEM VC ME LEVOU A SÉRIO KKKK
Igual minha mãe e meu pai...
Ainda bem que a Luiza Helena Trajano levou
Não é à toa que ela é ela

Nossa, me humilhou
Eu levei a sério, claro que sim
Mas vc não compartilhou as etapas, e só me contou
em cima da hora. #ultimoasaber

→ Seg., 1º de nov. de 2021

BOM DIA
Um dia só?!?
Não creio
Pra mim vc mora aí no mar faz meses
Como foi a noite? Como vc tá?

Às vezes sinto como se eu fosse uma das crianças
de que vc toma conta KKKKK
Fiz homus com grão-de-bico pra pôr na tapioca
Me arrependo de não ter feito isso antes, mto bom!
Com meu isolamento posso carregar no alho

Sim, homus de grão-de-bico é bom!!!!
Qtas milhas faltam pelo seu navionics?

51!!!!
Tá tão perto que já tô organizando os lixos
Tá tão perto que já tô fazendo a malinha de roupas
pra tomar banho doce
Tá tão perto que já tô quase colocando as defensas

Nanda disse no insta que seu pai tá tentando
acalmar o pessoal dizendo que
"a viagem só termina qdo vc dá
o último nó na embarcação" KKKK
E não é que ele tá certo?

"A viagem só termina qdo acaba" KKKK
Não tem barco ao redor
e tbm não tem adrenalina
Tô com a sensação de ida ao mercado
Tipo, acabei de sair e já tô de volta
com a manteiga e o pão
Ahhhhh HENRI!!!! VC VAI FAZER
FALTA NO MEU DIA A DIA
#naodigoissoparatodos #unicoeeterno
#exclusivo #VcSabePqLeMinhasMensagens

01.11.21, SEGUNDA, MILHAS FINAIS

ME CONCENTRO PARA NÃO cometer grandes erros nas milhas finais. Tento aproveitar o tempo que ainda resta aqui. Neste lugar que vai desaparecer. Que quase não existe. Os últimos dias foram duros para a Sardinha e para mim. Me convenci e me desconvenci muitas vezes de que o pior ia passar. Passou.

Agora, com pouco mais de cem milhas restantes, tenho a impressão de que a viagem foi curta demais. Não verei os animais que não vi. Não assistirei às estrelas das noites de exaustão. Não farei as fotos que deixei para depois. Como quando a gente se dá conta de que cresceu, o tempo passou e não volta mais.

Aducho cabos, guardo velas, dobro roupas, tomo o último banho de água do mar. Os meses que vêm dirão o que vai ficar desta viagem.

Faltam três horas. E estou cercada do mesmo mar, do mesmo céu. Da mesma companhia de três meses atrás. Achei que a chegada me daria nós. Mas me aproximo da costa como se tivéssemos vindo dela. Como se voltasse da padaria com o saco de pão para o café. Cruzo uma pequena baleeira de madeira. Colorida como não vi em nenhum outro canto do mundo. Inesperada e familiar. Visto rapidamente uma camiseta. O mar não é mais só meu.

Passei pelos fiordes noruegueses, pelo canal inglês, pelos portos franceses, pelas remotas ilhas Canárias e cabo-verdianas. Por que saí de tão longe pra voltar para o lugar de onde vim?

Senti medo, dor, exaustão. Tive saudade, surpresa, nostalgia. Fui perpetuamente estrangeira. Meu barco, meu único endereço certo. Dei carona para aves marinhas. Escutei a conversa dos golfinhos. Comemorei as conquistas com garrafinhas de água com gás. Salvei peixes-voadores. Dormi sob as estrelas. Troquei longas cartas de amor repartidas em partículas de 160 caracteres.

Me senti em perigo e me senti salva de tudo que não é essencial.

Logo a terra surgirá atrás das nuvens. E amarrarei a Sardinha no cais, consciente de que nossa casa é o único lugar que nunca partirá de nós. E o melhor lugar de onde partir de novo.

BRASIL

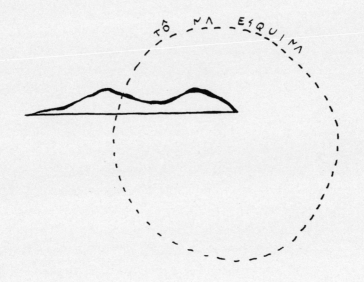

01.11.2021, SEGUNDA, RECIFE

JÁ NÃO POSSO DESVER o que vi. As luzes da cidade anunciam o fim do projeto. Hesito entre seguir em frente, rumo ao porto, e prolongar o percurso dando voltas. Ainda posso desligar o localizador, dar um bordo, jogar âncora numa praia escondida e ter mais uma noite com a Sardinha no mar.

Troco as velas para diminuir a velocidade. Não quero que a viagem acabe. Não quero me separar do barco. Não quero interromper esta rotina particular e deixar nossos costumes, meus e dela. Renunciar a todo o prazer de inventar horários, seguir os próprios desejos, me vestir como quero, dormir sob o céu estrelado e perseguir perpetuamente um único objetivo, um ponto gravado no mapa do mundo.

O tempo parece passar mais rápido, o sol se esconde atrás dos contornos da terra, as luzes se multiplicam e muda o cheiro do ar. Penso agora na minha avó, que nos espera, e na vontade de estar com ela outra vez. Entendo meu pai e suas chegadas secretas. Poucas pessoas importam tanto.

Desejo ter mais algumas horas de privacidade absoluta, continuar inacessível antes de estar cercada de cidade. Mais algum tempo da solidão menos solitária na companhia de mim mesma.

Meu celular começa a disparar notificações. Visto a última camiseta limpa, que protegi por mais de três meses ao longo de todo o caminho. Estudo a entrada no canal. Sinto adentrar outro espaço-tempo. Fico algumas horas nesse vácuo entre o começo do fim e o fim do começo, à deriva, na expectativa de como as próximas horas serão.

Um barco se aproxima de mim. Ouço vozes familiares: "É ela?", "Acho que não", "É a Sardinha?", "Não pode ser, é muito pequeno!", afirma minha mãe. "Eu reconheço, é a Sardinha sim!", diz minha avó. "Mas é pequeno demais!", minha mãe insiste, "Esse barco não é seguro, não!", grita Nina. Logo reconheço as primas, tia Gabriela, Nanda, Carlinhos.

Na margem do canal, centenas de pessoas acenam energeticamente, juntas, como se assistissem a um jogo de futebol. Eu ainda não sabia que todas aquelas pessoas haviam acompanhado nosso trajeto, nem que tinham se reunido no marco zero da cidade para ver a Sardinha chegar.

Meu pai me dá instruções para baixar os panos, e minha mãe o interrompe: "Ela atravessou o Atlântico, Amyr, você não precisa dizer a ela o que fazer! Ela conseguiu!", e ele responde: "Só vai ter conseguido quando o último cabo estiver amarrado no cais". Estou nervosa. Me concentro para manter o rumo. Ainda estou sem o piloto automático e não posso soltar a mão da cana do leme até ter espaço para baixar os panos.

Carol e a equipe de filmagem se aproximam de nós num botinho. Fazem algumas perguntas. Um barco da Marinha me acompanha. Estou profundamente feliz de ver as pessoas que amo. Mas me sinto triste de pensar que logo deixarei a Sardinha e nosso universo secreto. Acho que minha vida mudou, mas ainda não sei dizer como.

É preciso ir longe, pelo menos uma vez na vida, para descobrir o prazer de estar de volta. Para separar o supérfluo do essencial, saber quem são as pessoas que nos fazem falta. É preciso completar a travessia para descobrir que o sentido de toda viagem está no ponto de partida.

Abaixo os panos meio atrapalhada, a quilha pega num banco de areia, ligo o motor, me aproximo do píer. Muitas pessoas nos esperam. Lanço os cabos para meu pai e Yannick. Sei que pisar na terra é um gesto definitivo. Tento postergar essa hora ao máximo, fazer a viagem durar mais um pouquinho. Entro para arrumar as escotas e finjo não me preocupar com as pessoas que assistem a cada um dos meus gestos. Dobro as velas e guardo os equipamentos com cuidado, me despedindo de cada um deles e agradecendo a cada parte do barco por ter nos trazido até aqui.

Uma jornalista pergunta ao meu pai se ele está orgulhoso de mim. Ele responde: "Estou impressionado porque ela fez uma viagem longa com um barco muito precário". A fala do meu pai me faz perceber o quanto esse caminho é meu.

A Sardinha não era o melhor barco do mundo, mas foi tolerante com meus erros e me deu a chance de tentar. Era difícil acreditar que fosse possível chegar até aqui com um barco tão pequeno. Mas a Sardinha me mostrou que era capaz. Ela me ensinou a fazer muito com muito pouco e a ir longe com o que eu já tinha. Respiro fundo e desço.

Não me lembro de tudo que aconteceu quando pisei no chão. Fui tomada por um sentimento de alegria e desespero. Poucas vezes na vida temos a chance de ver as pessoas que mais amamos reunidas por nossa causa. E nesse momento, além delas, eu tinha câmeras, flashes e microfones apontados para o nariz. Me sentia deslocada, exposta, perdida e feliz.

Três horas antes, éramos o barco e o horizonte azul, éramos a estrada e o peregrino, éramos o perpétuo gosto de sal na boca, as noites sem dormir, o suor nas esquinas do corpo, a raiva, o cansaço, a vontade de aportar. Ficaram os peixes-voadores. Ficaram as noites solitárias. Ficaram as conversas com o silêncio. Cinco mil e seiscentas milhas náuticas me trouxeram de volta aos braços da minha avó.

É assim que tudo acaba: com um novo começo.

REPARTIR

OS ÚLTIMOS MESES FORAM AGITADOS. Estive em muitas cidades, fiz a costa do Brasil com a Sardinha e trouxe dois coqueiros da Praia da Espera até Paraty. Fiz novos amigos, vivi aventuras e desventuras românticas, fiz um comercial de TV com meu pai, comecei a aprender violão, fui reconhecida por músicos, médicos (em pleno exame de ultrassom transvaginal), garçonetes, pilotas de avião, vendedores de mate, policiais, recepcionistas de hotel. Tive gripe, depressão, *burnout*, gravidez psicológica, euforia, profundas alegrias, epifanias artísticas. Em algum momento, eu precisava pôr os pés no chão.

Retorno a este diário para transformá-lo em livro. Transcrevo os escritos e tenho a impressão de plagiar o texto de alguém. Sei que hoje não poderia escrever o que escrevi, porque já não sou a pessoa que fui quando a viagem começou. Já não sinto mais o que sentia pelas pessoas com quem cruzei. Já não descrevo com o mesmo frescor as noites estreladas, as ondas cruzadas, os encontros com aves marinhas, a saudade perpétua.

Volto a tempos que não existem mais. Depois da chegada, Guillaume Deux me escreveu, dizendo que não poderia se imaginar com alguém que não sabe em que continente estará no mês que vem. E assim acabou essa relação construída ao redor do desejo do reencontro, que me manteve acordada em noites de vento forte, que me deu conforto em dias de desespero, que me deu motivos para ser melhor do que eu imaginava poder ser. Revisito mensagens antigas e volto a sentir velhas emoções. Lembro que tudo o que sinto me pertence. O amor, a raiva e a saudade sempre foram sentimentos meus.

Sinto falta de ter meus pais por perto e me lembro de passear com minha família entre os ninhos de albatroz das ilhas subantárticas. Sentávamos nos barrancos de pedra para assistir aos filhotes abrindo e fechando as asas na terra, imitando a coreografia que os adultos faziam no ar, ensaiando para um dia alçar voo. Meus pais nos contaram que, ao fim do verão, todos precisavam partir. Se algum filhote não tivesse decolado sozinho, os pais o empurravam do ninho. Entre o alto do penhasco e o mar, ele precisaria aprender a planar ou morreria.

Os albatrozes me lembram meu pai. Entendo melhor sua maneira de me ajudar não me ajudando. Ele sabia os gestos necessários para ir longe, mas não voaria por mim, não estaria comigo no mar. Eu precisava conquistar meus próprios meios, meus próprios saberes, aprender a errar e consertar o erro durante o voo. Eu não poderia correr o risco de ser eternamente dependente do meu pai e insegura em relação à minha própria capacidade de fazer escolhas. Meu pai me empurrou do ninho. Talvez seja esse um dos grandes gestos de coragem paternos.

Também entendo minha mãe. Me arrependo de ter sido tão dura com ela diante das suas tentativas de me proteger. Sei que ela jamais se perdoaria por me incentivar caso algo desse errado e eu desaparecesse e, por isso, não me incentivava a correr riscos. Eu ficava brava, porque tinha a impressão de só ter minha mãe ao meu lado quando as coisas davam certo. Mas a verdade é que ela me deu a ferramenta mais importante para eu acreditar em mim a ponto de começar a viagem e para me manter racional o bastante para chegar ao fim: ela me ensinou a escrever diários.

Estas páginas transformam minha impressão do presente e minha lembrança do que passou. Porque os textos estão condenados a serem incompletos, tentativas de descrever um mundo que não cabe numa língua. Já não cabem mais palavras neste caderno. Concluo este livro no tempo em que ele acontece. Estou sozinha outra vez. Você e meu desejo me fazem companhia. Sempre será mais fácil desistir antes de partir. As razões para ficar se multiplicam outra vez. Não sei ainda aonde chegaremos, mas, ao menos, me dou a chance de começar, de novo.

AGRADECIMENTOS

ESSA VIAGEM SÓ FOI POSSÍVEL graças ao cardume de Sardinhas que me acompanhou e me permitiu navegar em solitário, mas não sozinha. Vocês foram indispensáveis para eu poder criar confiança para partir de cada uma das escalas e para chegar em segurança no porto seguinte.

Agradeço às Sardinhas pioneiras: Henrique, Nanda, Pierre Laurent, Fabricio, Murillo Novaes (meteorologista), Leo Griffo (psicólogo), Carina Joana e Isadora Bertoli (nutricionista), com quem mantive contato durante a navegação.

Agradeço também às Sardinhas que me acolheram e me apoiaram em cada um dos portos. Em Ålesund: família Gaspar e Juha; em São Paulo: Nina, Laura, mãe, pai, vovó, as Sardinhas do Magalu (Luiza Helena, Frederico, Roberta, Pedro, Luiz e Mariana), as Sardinhas da Localiza (Antonio, Rodrigo, Rejayne, Ana, Mariana), as Sardinhas da NewOn (Álvaro, Saulo, Lucas, Aézio, Raquel, Eduardo e Fernando), e ainda: Fe Gil, Renata, Lili, Gabi e Ana, Luca e Lígia, tia Gabriela, Ana Clara, Helena, Luisa, Vic, Bia, Martinha, Leo, Tivo, Gabriel, Thierry, Nair, Adilson, Anice (Nini), tio Tymur, tio Mario, tia Ashraf, além de Alice Sant'Anna (que vivia de novo a travessia da maternidade enquanto gerávamos este livro), Luiz Schwarcz, Matheus, Willian, Erica, Elisa, Julia, Mariana, e toda a equipe da Companhia das Letras; em Nantes:

Teresa, Ricardo e Léon, Carlos, Katherine, Ackbaree, Elisa e Joyce; em Cherbourg: Jean Yves, Gilles, Les Sauveteurs en Mer da SNSM; em Dunkerque: Eric, Bernard e Voilier Kaumea; em Lorient: Charly, Guillaume Trotte, Mathilde, Emma, Timéri, Pierre Musset, Guillaume Dupont, Thomas, Camille, Aziliz (Oasis), Clotilde, Juliette; em Douarnenez: Sebastien e Patrick; em Lisboa: Álvaro, Augusta, José, Luciana e Miguel; em Las Palmas: Anders, Emma, Jakob, Primoz, Captain Orca e Toby; em Mindelo: Bruno, Jay, Salamansa, Joãozinho; em Recife: Yannick Ollivier, Luciano Lima, primo Carlinhos, Nadia Duarte e toda a equipe do Cabanga; na Bahia: Aleixo, Juliana, Mariana, Tereza, Uiler, Helen (Malfeitona) e Sebastian e equipe do Museu do Mar Aleixo Belov e da Bahia Marina; e as Sardinhas no Rio: Lea, Israel, Maria, Gabriel e Alexia, Roberta (e a equipe do Sud), Julio, Michaella e Edna e equipe da Marina da Glória; em Paraty: Criloas (Maritza, Andrea, Alice e Elena), Luizão e Talita, e toda a equipe da Marina do Engenho, Alex e Jack; em Florianópolis: Isadora; e, por fim, agradeço à Marinha do Brasil e aos meus professores da Escola Móbile, da Faculdade de Arquitetura da Universidade de São Paulo, da École Nationale Supérieure d'Architecture de Nantes.

A participação de vocês tornou possível as travessias do oceano e deste livro.

GLOSSÁRIO DE TERMOS NÁUTICOS

ADERNAR: inclinar o barco para um dos bordos.

ADRIÇA: cabo para içar as velas.

ADUCHAR: organizar os cabos de um jeito específico. Cada barco tem seu jeito próprio de aduchar.

AIS: sistema de identificação dos barcos.

AMANTILHO: cabo que segura a retranca na horizontal.

ARRIBAR: afastar o nariz do barco da origem do vento.

ASA DE POMBO: dispor a vela mestra e a vela de proa em bordos opostos, "abrindo as asas" quando o vento vem de popa.

AUTOCAMBANTE: vela de proa que "vira de bordo" sozinha, sobre trilho.

BARLAVENTO: bordo (lado) exposto ao vento. O outro lado é o "sotavento".

BOMBORDO: lado esquerdo do barco.

BORDEJAR (dar um bordo): mudar de direção passando pela "cara"/"origem" do vento.

BORESTE/ESTIBORDO: lado direito do barco.

BUJA: vela de proa mais curta que fica toda à frente do mastro.

COCKPIT: lugar, geralmente aberto, em que o condutor da embarcação faz as manobras (e onde passa a maior parte do tempo). Nele ficam a barra do leme e as escotas.

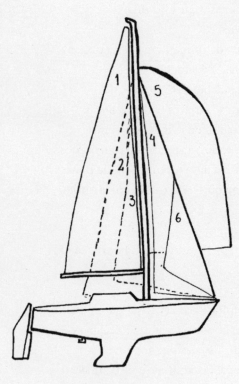

1 VELA MESTRA
= GV = MAIN
- quase sempre a posto.
- pode ser reduzida com os "rizos"
- 3 rizos

2 GENOA GRANDE
"GENNAKER"
- genoa de vento fraco (0 – 15 kts)

3 GENOA MEDIA
"REACHER"
- genoa de vento médio (16 – 22 kts)

4 BUJA
= 'FOC AUTOVIREUR'
= 'AUTOTACK'
- buja de contravento sobre trilho, que 'dá o bordo sozinha'.
- contravento (12 – 27 k

5 BALÃO SIMÉTRICO
= 'SPI' / 'SPINNAKER'
- vela de vento de popa fraco (5 – 15 k

6 VELA DE TEMPESTADE /
STORM JIB / TOURMENT

CRUZETAS: barras horizontais no mastro que servem para sustentação.

CUNHO: peça onde são amarrados os cabos de atracação.

DEFENSAS: objetos para proteger o casco nas atracações.

DOLDRUM/POT AU NOIR/ZONA DE CONVERGÊNCIA INTERTRO-PICAL: região de instabilidade meteorológica próxima da linha do equador. (Nuvens escuras e pesadas podem aparecer nesses locais.)

ESCOTA: cabo para regular a tensão nas velas.

ESTAI: cabo de aço que mantém o mastro de pé.

GENOA: vela de proa com recobrimento (passa do mastro).

GRIGRI: equipamento para escalada autônoma com trava para evitar a queda do "alpinista"

GUARDA-CORPO: proteção nas bordas do barco para evitar a queda dos tripulantes.

JIBAR (DAR UM JIBE): mudar de direção passando por "trás" do vento. (Quando acontece de forma acidental, pode ser violento e desesperador.)

LEME DE VENTO: espécie de "piloto automático" mecânico que compensa o leme para que o barco mantenha sempre a mesma direção em relação ao vento.

MESTRA: vela atrás do mastro.

MOSQUETÃO: anel com trava para abrir e fechar.

MULTÍMETRO: medidor de corrente elétrica.

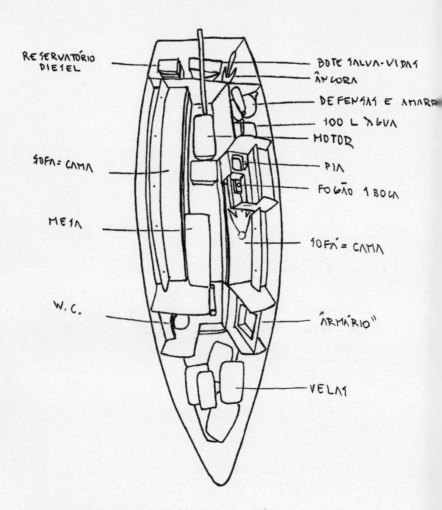

ORÇAR: aproximar o nariz do barco da origem do vento.

PREVENTER: cabo de segurança para manter a retranca aberta com vento de popa.

QUILHA: antepara lastreada que compensa o momento inclinante na superfície vélica e evita a deriva. Em outras palavras, trata-se de uma placa (geralmente com chumbo) presa ao fundo do casco que serve para fazer contrapeso quando o barco inclina e para evitar que ele ande de lado.

RABETA: eixo vertical entre o motor *saildrive* e o hélice.
RIZAR (PÔR UM RIZO): diminuir os panos das velas.

SAILDRIVE: motor com rabeta.
SHORE CONTROL CENTER: piada do Henrique, que queria dizer que ele próprio era a minha central de controle terrestre.
SPI/SPINNAKER/BALÃO: vela de popa, geralmente a maior do jogo de velas, para andar de popa.
SUL PURO: ângulo de 180° sul.

TOURMENTIN/STORM JIB: vela de mau tempo.

VHF: rádio de alta frequência que os barcos usam para se comunicar a curta distância.

WINDEX: seta no alto do mastro que indica a direção do vento.
WINDY: aplicativo/programa para ver a previsão do tempo.

1ª EDIÇÃO [2023] 8 reimpressões

ESTA OBRA FOI COMPOSTA POR ALLES BLAU
EM GT SECTRA E PP MORI E IMPRESSA EM OFSETE PELA
LIS GRÁFICA SOBRE PAPEL PÓLEN DA SUZANO S.A.
PARA A EDITORA SCHWARCZ EM MAIO DE 2025

A marca FSC® é a garantia de que a madeira utilizada na fabricação do papel deste livro provém de florestas que foram gerenciadas de maneira ambientalmente correta, socialmente justa e economicamente viável, além de outras fontes de origem controlada.